文春文庫

マイ遺品セレクション

みうらじゅん

JN019664

文藝春秋

SINCE 1958

みうらじゅん

マイ遺品

セレクション

MY RELICS SELECTION

ブックデザイン：鶴丈二
DTP：エヴリ・シンク

マイ遺品セレクション　もくじ

はじめに

本書は現在も産経新聞で連載中の『収集癖と発表癖』をまとめたものである。

物心ついた時から始まった僕のその二大癖が還暦を過ぎた現在まで続いているわけで、自宅、事務所、遂には倉庫を借りなきゃならないほど収集品の数は膨れ上がっている。

世はやれ断捨離だとか終活だとか、ものを少しでも無くしていく風潮にあるが、長年に渡りつけてしまった癖はそう易々と直らない。

それに、僕が今まで集めてきたものはテレビの鑑定団も尻尾を巻く品々（要するに世間的には〝なぁーんの価値もない〟と言われるやつ）で、僕が死んだら消滅してしまう恐れがある。いや、今からそんなことまで考えてる〝執着〟ってやつが大層、遺族を苦しめることになるだろう。そこが、こう見えても心優しい僕の悩みどころではある。

だから、決めた。

これらのコレクションを今から「マイ遺品」と呼ぶことにする！

そうすれば「また、つまらないものを買って」と、半笑いで指摘されても「だって、オレの遺品を集めてるんだから」と少しはシリアスに返すことが出来る。たとえそれが神社の参道で買ったゴムヘビであってもだ。

死後、他人が捨ててしまうのは構わない。「その覚悟はあるぞ」と前倒しに言っておくだけで、どれだけ心が安らぐか。

でも、先に述べたように〝なぁーんの価値もない〟品。もし、もしも後世に残ることになった場合、一体誰が〝そこがいいんじゃない！〟と解説を加えることが出来るだろう？

いや、それは僕本人が僕のキュレーターとして今、書き残しておくしかないだろう。

だから、本書は数あるマイ遺品の氷山の一角。ワイン工場のように寝かせているものも、今後次々に紹介していく所存。この本さえあればサザビーズのオークションにかかっても困らないと思うから。

ようこそ！　マイ遺品博物館へ――。

マイ遺品01

海女人形

気が付くと日本各地の海女ゾーンを旅していた。

「あの人、またやってる」と言われることが趣味であり、「まだやってんのォー」と呆《あき》れられることが癖。

世間的にはそんな微妙な差、どーでもいいことであろうが、〝また〟にとっての濁点有り無しはかなり意味合いが違ってくる。

趣味は好きが高じて発生するものだが、好きゆえに途中から中だるみ、遂には飽きてしまうことが多々ある。

それに比べ、癖（この場合、あえて音読みで〝へき〟）は、飽きることすら飽きてしまった状態。気が付けばやっていたとか、買っていたということになる。

僕は小学生低学年の頃、趣味というやつを知った。怪獣である。当然、映画も見たいしグッズも欲しい。しかし、そこは家庭の経済事情ってものがある。ましてや本物の怪獣の着ぐるみが手に入るわけもなく、そうこうしているうちに趣味は何故か仏像に移行していた。

何度か飽きを経験し、気が付けば大人に成っていた。歳相応のモノや流行《はや》りモノが欲しかったわけではない。何故かまわりでは決して欲しがらないモノの方に興味がいったのだ。

その一つに『海女』がある。初めてその存在を意識したのは高校生の時。新東宝や日活のお色気映画を見て、その明け透けな性の解放感に戸惑った。ハッキリ言って苦手なジャンルだった海女の記憶が、どうしたことか30歳を過ぎてもまだ宿便のように脳裏にへばり付いていて、〝どう? もうそろそろいけるんじゃないの?〟と囁《ささや》いてきた。

気が付くと日本各地の海女ゾーンを旅していた。そして、土産物屋の片隅で今や所在無げに立っている海女人形を集め出していた。〝集めたい〟なんて軽い衝動ではない。〝集めNEVERならない〟といった義務感だ。

「コレ、いくらなんですか？」

大概、値札はとうの昔に無くなっていて、「よう分からんので500円でいいわ」と、店の人はその場で決めた。中には「汚れてるからあげる」と言われたこともある。アワビやサザエの貝殻に乗った海女人形、持ち帰ると小さく割れた貝の破片がボロボロと落ちてきて僕を困らせた。

それに千葉・御宿《おんじゅく》でも伊勢でも、貼ってある地名のシールは違えど人形の顔と衣装はほぼ同じ。確実に同じ製作会社の商品であることは間違いないのだが、ここはあえて〝各地で作られてる〟と思い込む精神が必要になる。

少し前、本気の海女ブームが来た。だが、それは例の朝ドラ『あまちゃん』であって、僕が今もなお集め続けているシロモノとは一線を画しているようだった。

マイ遺品 02

ゴムヘビ

絶滅危惧種を救うため海外まで行ってきた。

どんな会話にも、やたら「ヤベェー！」を挟みたがる人がいるけれど、本来、ヤバイと心配しなきゃならないことは戦争と絶滅である。前者は己の金儲けのために勃発することを望んでいる人までいると知り、人間って奴は本当、始末に負えないと思った。

後者・絶滅の方は、その一歩手前に〝危惧〟という段階があって、生きものの場合「レッドゾーン・アニマル」と呼ばれ救済が叫ばれる。

しかし生きものではなく、生きものを模した物の中にも絶滅危惧種がいることは余り知られていない。世間では全く関心がない様子の『ゴムヘビ』もその中の一つである。

昭和40年代初頭あたりであろうか、ゴムヘビが今でいう〝パーティグッズ種〟として隆盛を極めたことがあった。当時、小学生だった僕はこっそりそれを教室に持ち込み、好意を寄せていた女子の机の上に置いてはその驚く様を見て喜んだもんだ。

当然、いやがらせと取られても仕方ない行為だが、それはそれ、そこには恋心をいたくこじらせた頓珍漢《とんちんかん》男の心理があったわけだ。

ゴムヘビの生息地は主に参道。寺や神社の縁日の時、立ち並ぶ屋台のある一角に奴を売りさばく店があった。主流は黒くてグルグル巻いた〝トグロ形〟。他にもウネウネしたヤツや戦闘態勢バリバリなゴムヘビもいて、それを総合し〝自由形〟と、僕は呼ぶことにした。

何匹も集め、うちの家に遊びに来た友達に得意げに見せていたら、いつしか僕のアダ名が「ヘビ遣い」、そんな時期もあった。

しかし、小学校を卒業する頃には世の中的にもゴムヘビブームはすっかり鎮火、絶滅の一途を辿《たど》ることになった。

原因は当然ある。女子もそれくらいのことでは驚かなくなったことと、社会問題にもなった子供玩具に含まれていた有毒物質〝フタル酸エステル〟。ゴムヘビの中にも毒ヘビがいたということだ。以降、細々ではあるが新種も登場。そのゴムヘビを入れたパッケージには〝安全玩具〟という、的の外れた文字が入ることになった。

〝救済せＮＥＶＥＲならない！〟

今から10年ほど前、僕は誰に依頼されることなくゴムヘビ救済のために立ち上がり、日本各地を捜し歩いた。フタル酸エステル含有のオールドタイプは、他のヤツに重ねておくと溶け出す性質があり、何のための救済なのかと悩んだこともあったが、頑張った。とうとう、その主な製造元、中国圏にも渡り、段ボールごと買い占め空港の出国カウンターで怪しまれたことも。現在１０３匹もの形状の違うゴムヘビを捕獲したが、まだ動物愛護協会から表彰を受けてはいない。

マイ遺品
03

Since

気になり始めて以来、捜さずにはいられない。

『Ｓｉｎｃｅ』が、気になって仕方ない。もはや和製英語と化した「シンス」。その言葉自体では全く意味を成さないところにやたらとグッとくるのである。

フッーは『Ｓｉｎｃｅ １９５８』とか、年が入ってナンボのもの。この店や会社は何年からやっておりますと、その古さを誇るために商品のパッケージやお店の看板に記されているのだ。

そこは『創業１９５８』、または『創業昭和33年』でいいのだが、カッコ良く言いたい会社や商店の方針が、またとんでもないシンスを生み出すことになる。

『Ｓｉｎｃｅ ２０１８』なんて、思わず「去年じゃないか!」（編集部注・単行本刊行時は２０１９年）と、ツッ込みを入れたくなるＳｉｎｃｅもあって、ちなみにそれを僕は〝最新ス〟と呼んでいる。じゃ、どのくらい古ければ見る側も納得いくのか?

いや、今のところそれを問われることがないのは、Ｓｉｎｃｅが世の中的に全く注目されていないからである。

〝鳴くよ《794》 ウグイス 平安京〞みたいに、テストに出そうな年や、彼女の誕生日、または結婚記念日など、男は忘れたら叱られそうなことはどうにかして覚えようとするが、他人の創業年までチェックする余裕なんて当然ない。

僕はいつも、

カメラを持ち歩いている。スマホ以前は一眼レフのデカイやつだった。当然、職務質問を受ける機会も多かったので、すぐにカメラを取り出し、素早く撮るよう訓練を積んできた。何も悪いことをしているわけではないが、「何をしているんですか？」の問いに「今、ちょっとＳｉｎｃｅを集めてまして」では、署に連行される可能性もあるからだ。

それにＳｉｎｃｅはどこにでもあるものではない。街を歩き回っても１Ｓｉｎｃｅもゲット出来ないこともある。Ｓｉｎｃｅ、Ｓｉｎｃｅ、Ｓｉｎｃｅ……と、法然上人《ほうねんしょうにん》の専修念仏のように唱えながら店の看板、ビルの壁面を隈無《くまな》く捜し回る努力が必要。だから見つけた時は思わず、「Ｓｉｎｃｅ発見っ！」と、声が出てしまう。

中にはビルの高いところにＳｉｎｃｅを見つけることもあり、その時は望遠レンズを使わねばならない（だから望遠レンズ付きのちょっといいカメラまで買った）。

先日、プリントしてみたらようやく１００Ｓｉｎｃｅくらい溜まっていて、またやる気が起きた。とはいえ、基本Ｓｉｎｃｅに寄って撮っているので、どこの店や会社のものだったか思い出すことは出来ない。

〝一体、僕は何を残したいんだ？〟

この収集癖が今後どんな結果をもたらすのか、今は自分でも全く分からない。

マイ遺品 04

ゆるキャラ

頼み込んで譲ってもらった非売品ヌイグルミ。

〝How Does It Feel?〟

訳すと〝どんな気がする?〟。ボブ・ディランの名曲「ライク・ア・ローリング・ストーン」の一節であるが、僕は森羅万象、自分の中の常識と余りにかけ離れたものを目の当たりにした時、いつもこのフレーズで問いかけることにしている。

今から15年ほど前、とある物産展会場で、テントの脇にとても所在無げに立っていた着ぐるみ。それを初めて見た時も、〝どんな気がする?〟が出た。

肩からタスキ状のものを掛けていた。どうやらそのキャラクターの名前が書いてあるのだが、覚えてどうなるものでもない。

僕は暫《しば》しその前で観察していたのだが、どうやら数個の特産物が憑依《ひょうい》、化身している姿だと分かった。要するに地方PRのマスコットキャラクターってやつだ。

キャラと一概に言っても2種類ある。人気があるキャラと、到底人気があるとは思えないキャラ。それを同類と見なし、同じ状況で扱うには大変無理があると思った。その証拠

に後者は子供一人、寄り付いていない状況。
膨《ふく》らみ方も悪いとみえ、頭部が少し凹《へこ》んでいるし、所々薄汚れてる。本来なら陽気にその地方の特産物をPRすべき役なのに、哀愁すら漂ってしまって台無しだ。
その時、僕の頭に浮かんだフレーズは『ゆるキャラ』。こんなゆるい存在感でもやっていける世界を作るには適切なネーミングが必要だと思ったからだ。
以来、日本各地の『ゆるキャラ』を捜して旅をした。当然、その造語は浸透しておらず、自治体に問い合わせても「うちのは、ゆるくない」と、お叱りまで受ける始末。僕が知りたかったのは国民文化祭でいつ、その着ぐるみがパレードするのかということだけ。その姿を写真に収め雑誌で披露したかったんだ。

日本には古来、八百万《やおよろず》の神様がおられたというが、今やそれが『ゆるキャラ』に変化したのではないか？　僕の持論は全く聞き入れてはもらえなかったのだが。

それから10年、世間の常識は突然裏返り、ゆるいが〃かわいい〃の同意語となるに至った。「今のゆるキャラをどう思われますか？」と、ブームになった途端、マスコミに聞きまくられ僕は困った。どうも思ってないからだ。

それよりグッズ！　今は容易に手に入るが当時はＰＲ用の非売品。必死で頼み込んで譲って頂いたヌイグルミの数々は、倉庫を借りなきゃならないまでに膨れ上がっていた。

マイ遺品
05

怪獣スクラップブック

〝見つけ次第、切って貼る〟癖がついてしまった。

今から50年ちょっと前。僕は小学1年生で、初めて『三大怪獣　地球最大の決戦』（1964年）というゴジラシリーズ第5作に当たる映画を見た。怪獣はかつてこの地球上に生息した恐竜と違って、もともといない。そのいないものを、さもいるように見せるのが怪獣映画というジャンルで、既に着ぐるみの中に人が入っていることくらい知ってたけど、その見たこともない怪獣の動き、そして精巧に作られた街のミニチュアセットにグッときた。以来、熱は冷めることなく、還暦を過ぎた今でも大ファンのままである。当時はまだそんなに多くの怪獣グッズは出回ってなかったけど、2年後、テレビ『ウルトラQ』放映開始から世に本格的な怪獣ブームがやってきた。

僕は幸いにも一人っ子であったため、いろんなグッズを親に買ってもらっていたが、収集癖として困ったのは怪獣写真の載った雑誌や新聞の置き場所であった。いくら息子に甘い親でも年末の大掃除の時などは「あんた、もうこれはいらんやろ。捨ててえか?」と、悪魔の囁きをしてくる。今で言う〝断捨離〟である。ここで「うん」と答えれば部屋はス

ッキリするのであろうが、確実に将来、後悔することは間違いない。〃それらを如何《いか》に残すべきか？〃、これが最大の課題であった。

山積みになった雑誌や新聞記事を前に、出した結論は〃スクラッパー〃になる道だった。スクラッパーは後に考案した造語だが、何のことはない、怪獣写真を切り抜き再編集、スクラップ帳に貼る人の意である。その作業は小学校から帰ると連日連夜続けられ、4年生までに4巻上梓《じょうし》した。〃見つけ次第、切って貼る〃。いつの間にかそんな癖をつけてしまったので、父親はよくボロボロになった新聞を手に「わしが読んでから切れ」と、苦情を言ったもんだ。

大人の雑誌にゴジラの特撮監督・円谷英二氏の対談を発見した時も当然、読む前に切って貼った。テレビで放映される怪獣映画を父親に頼んで画撮してもらい、その写真をスクラップ帳に貼ってたこともある。写真の下にいちいち怪獣の名前を書き加えるのも編集長である僕の作業だ。完成したスクラップ帳は小学校に持っていき友達に見せたが、好意的に見てくれるのは数人だった。

「それ昔、持ってたよオレも」と、遠い目をして語る人はいるが、「それ、今でも持ってる」と言える人は少ない。ましてや、それをすぐに出してこられる人はもっと少ないだろう。とはいえ、「怪獣スクラップ、見せてくださいよ」とお願いされることなんてほとんどない。そこがスクラッパーのつらいところである。

マイ遺品06

飛び出し坊や

100体以上ものタイプ違いをゲットした。

本来は「安全坊や」とでも呼ばれていたのだろうか？　特に幼稚園や小学校が近くにある地帯の道路脇、人形《ひとがた》に切り抜かれた看板が立てられているのを昔、よく目にした。

そこに描かれた子供は大概、道路に向けて走り出している。そもそもは遊んでたボールを追って、ついつい飛び出してしまった姿だったが、いつの間にやらボールはカットされ、まるで〝当たり屋〟のようなことになっている。僕が初めてそれをハッキリ意識したのは18歳の時。友達が自動車免許を取ったので地元・京都から滋賀県の琵琶湖までドライブしに行った際、東近江《ひがしおうみ》市のあたりで発見した。

ベニヤ板の両面に七三分けの子供の絵があり、飛び出す気満々のポーズを決めていた。

それから数年後、たまたまその地を再訪した時、その坊やはやたら増殖。道路脇の至る所から飛び出していた。そこから車で少し行った所にも坊やは出没したが、初めに見たものとは少し様子が違う。似ているが、それはオリジナルをマネて描かれたものであり、さらに進んだ所には七三分けが伸び、リーゼント気味になっているものもあった。突き出し

た握り拳の部分もうまく描けていない。これは要するに伝達ミスのおかしさである。
そして、とうとうそれらタイプ違いの飛び出し坊やを写真に収めＮＥＶＥＲと思うに至った。僕は免許が未だ無いので、車の助手席に座って「いた！　いた！　止めて！」というしかない。運転手は仕事仲間だったけど、これが仕事だとは到底思っていない。仕方なく道路脇に車を止めて僕が必死になって撮影する姿を呆れたような顔で見ていた。
「いた！　いた！」「いた！　いた！」

ある地帯では視野の中に6体もの飛び出し坊やが見えた。これはちょっとしたホラーである。その時は2日かけて琵琶湖畔を制覇した。そして、100体以上ものタイプ違いをゲットした。

そうなると、写真では飽き足らず本物が欲しくなる。たまたま入った量販店で、黄色い帽子をかぶった飛び出し坊や、発見。迷うことなく買ったのだが、あの七三分けを〝0系〟とすると、それは〝100系〟に当たるもんだと、僕は新幹線のように確信した。滋賀出身の人に坊やのことを聞くと、「どこの街でもあるでしょ」と平然と言う。いや、あんなにあるのは滋賀だけだ。何故なのか考えてみたら、すぐに結論が出た。後ろが湖なので前に飛び出すしかないから。

思えば、飛び出し坊や発見から40年以上経つ。遂に0系を生み出した看板屋、久田工芸の社長さんにもお会いして親交を深めるまでになった。

マイ遺品 07

3Dカード

100枚以上床に並べてみたら頭がクラクラした。

J・キャメロン監督作品『アバター』(2009年)以降、別に飛び出さなくてもいい映画までも3D化し始めた。ふだんから裸眼派は文句ないのかもしれんが、こちとら小学生の頃からメガネ野郎。映画館でのメガネ・オン・メガネはかなりキツイ修行だ。

鼻柱にかかる重圧に耐えかねて上映中、何度も位置をズラしてみるのだが、気が散ってなかなか映画に集中出来ない。もう、イライラして3Dメガネを外すとトリップ感覚。科学が進んでいるのなら、そんなメガネ掛けさせないでスクリーン自ら飛び出してこいってんだ!

さらに困ったことに外した時、レンズに触っちゃったみたいで油膜が出来てやがる。Tシャツの端の方で拭き取ろうとしたら今度は油がレンズ全体に広がっちまったじゃないか。もう、3D映画なんて二度と見に行くもんかと毎度、思う。

そんな僕が3Dメガネなしでも勝手に飛び出してるヤツ(見る角度によって絵柄が変わったり立体的に見える印刷物「レンチキュラー」)に出会ったのは、地方のほぼシャッターが閉

まってる商店街。暗いアーケードを進むと1軒だけ奇跡的に店は開いていた。オバチャンの洋品店だったが、店先のワゴンにB4サイズくらいの3Dポスターが並べられていた。図柄は犬、猫、鷲《わし》、ウサギ、フルーツバスケットなど、どれも別に飛び出さなくてもいいものばかり。〃一体

こんなもの、どこに飾れというのか？〟と、つい、１枚手に取ると店の中から店員のオバチャンまで飛び出して来て「素敵でしょ、それ」と勧められた。仕方ない。運命だと覚悟して、とりわけいらないものを数枚選んでレジに運ぶと「３０００円」。意外に高くて驚いた。

それからというもの気になって、わざわざ捜しに出掛けるまでになった。あるお寺の売店では弘法大師の３Ｄカード。もともと京都・東寺で世界初の立体曼荼羅《まんだら》を開発したお方なのに、今更、自ら飛び出すはめになろうとは。また、ある空港売店では「わさお」の３Ｄポストカード。あのブサイク犬の顔が思いっ切り飛び出しているではないか。ヌードもあった。当然、オッパイがボヨーンだ。１００枚以上集まった時、部屋の床に並べてみたら頭がクラクラした。

そのうち自分も飛び出したくなって業者を調べてみたら、香港で安く作れることが分かった。東京・渋谷公会堂でイベントをやった際、客に配ってみたのだがやはり微妙な反応。別に飛び出さなくてもいい３Ｄはやっぱ、いらないいらしい（掲載写真、残念なことに紙面では飛び出しませんから）。

マイ遺品 08

カスハガ

単なる数合わせが生んだ「芸術」。

メールなどない時代、自称であっても有名観光地と言い張りたい所には必ずと言っていいほど〝絵ハガキ〟というものが存在した。

そもそも絵ハガキの役目とは、その土地の名所旧跡や特産品、または祭りなどの行事を紹介するものであって、訪れたことがない人にも〝行ってみたいな〟という気にさせることが重要ポイントだ。

誰しもが認める大観光地には10～20枚入った絵ハガキセットがある。それは見せるものがたくさんあるという自慢に満ちたものだ。

「うちもセットにしてみたい」

ある時、さほど名所がない観光地の絵ハガキ業者がそんなムチャなことを言い出したのが、『カスハガ』の始まりであったと思う。『カスハガ』とは、そんなセットに混入せざるを得なかった〝カス〟のような絵ハガキのことである。

ネーミングにパンチがあり過ぎて誤解が生じる可能性もあるが、そのおかしさを伝えた

くて作った言葉なので許してほしい。
　当然、考えられることはセットにしようと見切り発進したのはいいが10〜20枚も見せるものがなかったということ。だから仕方なく、最近キレイになった駅ビルや駐車場、トイレまでもが絵ハガキ入りしてしまったわけだ。
　さらにカスハガには〃何で中央に柱を入れ込むかねぇ〃といった構図の悪いものや、接写し過ぎてそれが何なのかよく分からぬもの、個人情報ダダ漏れで一般市民の顔が堂々と写っているものなどもあって、〝これは一体、誰が出すものなのか?〟という疑問が一目見て湧いてくる。

「今、〇〇に来ています。とてもいい所なので今度は君と来たいな♥」などと、旅の浮かれ気分で愛の告白まで書き添え投函した絵ハガキがたまたまカスハガであった場合、受け取った彼女、ないし彼氏は何と思うだろうか?

夕暮れの神社前、股間にバットのようなものを挟み、ひょっとこ面で腰を振っている男の絵ハガキ。それがたとえその土地の伝統行事であったとしても、受け取った相手はまず〝何のつもりなんだろう?〟と、そのセンスを疑うに違いない。単なる数合わせが生んだ芸術は使い道次第で凶器に変わることもある。

そんなカスハガを送って下さいと漫画誌で募集したこともあって、最終的に『カスハガの世界』(ちくま文庫)という本まで出した。まだ、日本が本当のゆるさを残していた時代の遺産であることは間違いない。

マイ遺品 09

シビン

もう「使用済み」でも構わない域に達した。

〝シビンちゃん〟なんてアダ名をつけられた者はそうざらにはいないだろう。

高校時代、二度も入院。しかも同じ病院だった。長居してたので新人看護師なんかより病院の勝手はよく知っている。病状が良くなってくると「体を動かしなさい」と、尿瓶《しびん》を取り上げられ仕方なくトイレまで歩かされた。日中はまだしも夜中の病院は不気味だ。僕は一度目の入院の時、既に尿瓶が置いてある部屋を探し当てていたので二度目は難なくそれを奪還し、平然とベッドの中で用を足してた。

油断して朝の回診の時、そのままにしてたらよりによって師長に見つかった。「あなた、どっからこれを取ってきたのよ!」と叱られ、2、3日はトイレで用を足していたがまたもあの部屋へ。そんな尿瓶中毒者はいつしか〝シビンちゃん〟と呼ばれるようになった。

漢字で見ると重いが、『シビン』。発音するとアントニオ・カルロス・ジョビン的なボサノヴァ風味が出る。

それも〝悪くないな〟と気付いたのは往年のロック・ミュージシャンたちが往年のファ

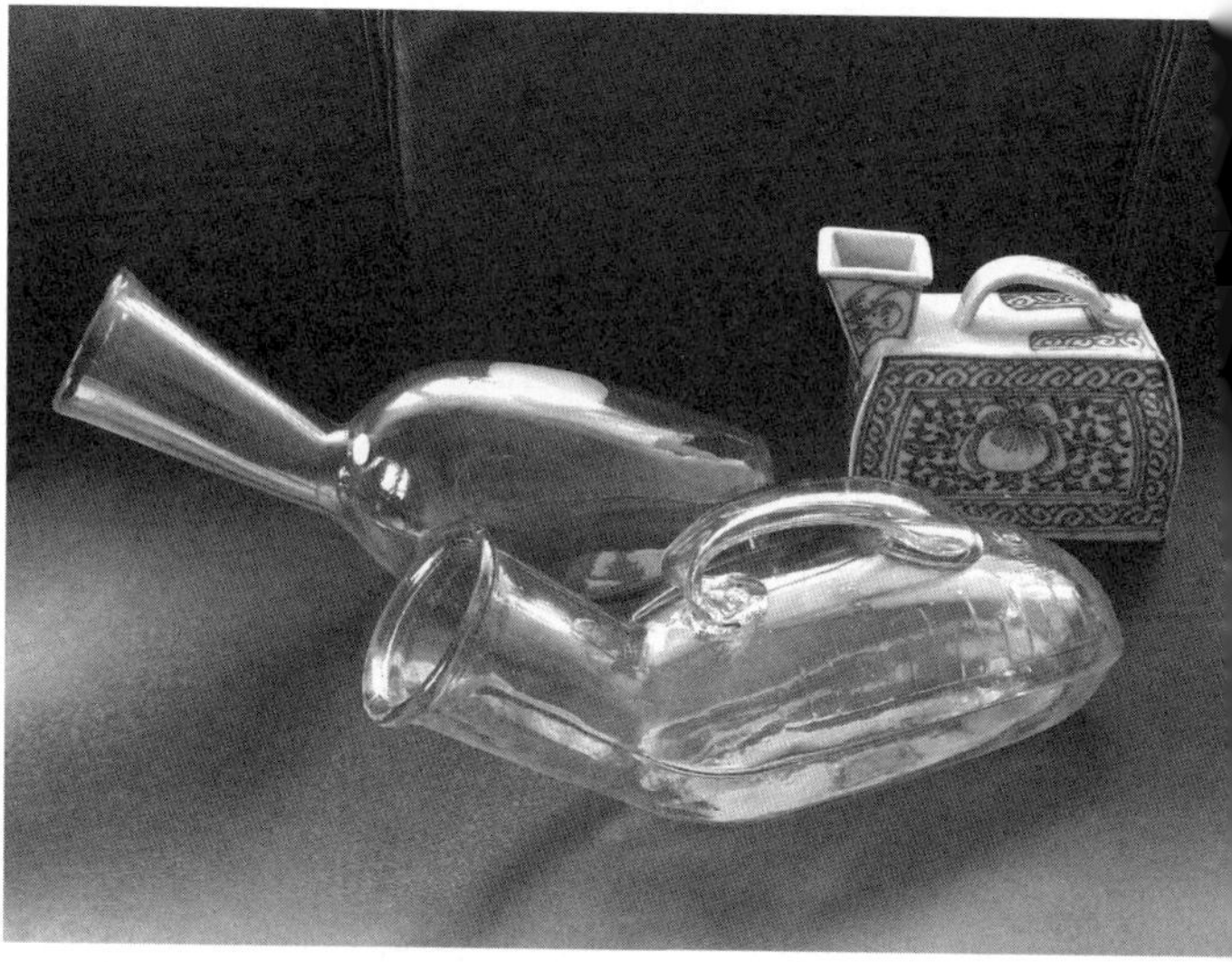

ンの懐を狙って次々に来日し出した頃。会場に行くとトイレが長蛇の列――そんな光景をみなさんも見たことはないだろうか。原因は老化による小便の頻繁さと所要時間の長さだ。これじゃせっかくのライブも台無し。何かいい策はないかと思ったところ、僕の頭に『シビン』が甦《よみがえ》ってきたってわけだ。ポール・マッカートニーだったら当然、シビンの注ぎ口はビートルズのアップルマークがいい。ストーンズならベロ出しマークがいいだろう。そんなロック・テイストのシビンを開発し、会場のグッズ売り場に置けばきっと飛ぶように売れるに違いない！　ま、

開発なんかする気もないので、独りシビン収集家の道を歩むことにしたのだが。

高校時代、愛用していたガラス製のやつをネットオークションで捜したら、今や〝レトロ尿瓶〟と呼ばれていて、「未使用です」と、わざわざ明記してあった。

チェコスロバキアのシビンは、日本のものと比べ注ぎ口の大きさも長さもハンパなく、男性の持ちモノ事情が窺えた。もう、集め始めると「使用済み」でも構わない域に達してきた。〝シビン・ブーム〟、世の中的には今は来ないが、いずれ「老いるショック」の一環で己には当然、訪れるであろう。

マイ遺品10

カニパン

旅行パンフ置き場がカニで真っ赤に染まる頃、漁に出る。

冬場になると関西方面の旅行代理店前スタンドが赤一色に染まる。北近畿・山陰・北陸方向へ〃カニ〃を食べに行くツアーのパンフレットがズラリと並んでいる様である。

デザインのパターンは大別して3つ。七輪の上で焼かれてるカニ、鍋の中で茹でられてるカニ、部位はバラバラで食卓に並べられてるカニの写真である。その脇に〃特急スーパーはくと〃や〃やくも〃といった列車が小さくあしらわれている。〃かにカニ〃という表記も毎年、同じ。関西人はその光景を見て、「あぁ、もうカニの季節でっか」とか思うのだろうが、そもそも〃カニの季節〃などない。カニにとっては焼かれ、茹でられ、バラバラにされる地獄の季節なのである。

地元・京都にいた頃は気にも留めなかったが、上京し単なる旅行者となって関西を訪れた時、その異常なまでのカニへの執着をパンフの数で知り、集めることにした。通称・『カニパン』。もう20年以上集め続けてる。

やり口は至って簡単。旅行代理店前のスタンドからカニの写真があるものを片っ端から取っていくだけ。しかし、ペラ1枚のものは少なく大概は中とじの16ページ。それが何種類も存在するわけでかなり嵩張《かさば》るし、重い。

〝帰りに取ればいいか〟という甘い考え方もあるが、こういう世界は全て一期一会。出会

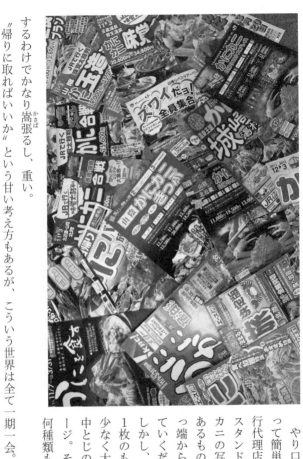

った時が勝負。旅行1日目にしてカバンの中はカニパンでいっぱいだったりする。同行者がいる場合、「ちょっと待っててくれる？」と断ってスタンド前に走り寄り、必死でかき集めてるその姿は異様に映ることだろう。戻って来た時、「今度、カニ食べに行きたくない？」などのフォローは忘れてはならない。

実際、越前にカニ・ツアーを決行したこともある。越前がにミュージアムを訪れ、カニの甲羅に付いているホクロのような黒い点が実は〝カニビル〟と呼ばれる寄生虫だと分かりゾッとしたもんだ。一生に一度と思い、一杯1万円もするカニを食べたがその夜、口のまわりが赤く腫れ上がった。〝そもそもカニ・アレルギーじゃなかったか？〟と自分を疑ったが、気にしないようにした。

だから、もっぱら今はカニパン集めに専念してる。きっとカニパン・デザイナーも毎年、代わり映えのしない構図に悩んでらっしゃることだろうが、がんばってほしい。いつか革命的なカニパンがスタンドに並ぶこと、切に期待しています。

マイ遺品 11

アウトドア般若心経

街の看板から般若心経の漢字をコンプリートした。

『空あり』という看板が駐車場の入り口に貼りだしてある。当然、それは〝あきあり〟と読むのが通例だが、その日、僕の目には般若心経の真髄《しんずい》である〝空《くう》〟と見えた。

空とは、仏教で実体のないものの意味。それを駐車場は〝あり〟というんだから、これは相当深い哲学が説かれているはずだと思った。それ以来、街を歩くと〝空あり〟がやたら目について、近寄っては写真に収める作業を続けてきた。中には『空なし』というものもある。実体のないものがないということはどういうことなのか？　僕の浅い知識では到底、その真意を解くことなど出来やしない。看板の下には電話番号が書かれている場合があるが、かけてもきっと教えてはくれないだろう。

それから数年が経ち、僕は有馬温泉の宿で夜、夢を見た。金色に輝く聖人が現れ、「あなたは何故、般若心経の全ての文字を集めないの？」（声は何故か井上陽水さんで）そう、おっしゃった。

慌てたのは日頃、そこに後ろめたさ（僕はそれを〝後ろメタファー〟と呼んでいる）を感

じていたからだ。だって、「二百七十八文字」全部を街の看板で見つけるなんて絶対に無理だよ、やっぱ。
「何年かかってもいいから捜し出せばぁ？」
　翌朝、早速、外（アウトドア）に出て温泉街を捜し回ったが一文字も見つけることは出来なかった。今、思うと自らが〃空〃となる修行を積んでなかったせいである。
『般』『若』『波』『羅』、それに『無』は多く出てくる漢字。一般車輌、ちゃんこダイニング若、焼酎さつま白波、焼肉羅生門、無煙焼肉といった具合に目星を付け街を歩くようになった。でも、どんな場所でどんな漢字に出会うかは分からない。いつも心に般若心経を。半分くらい集まったのは2年後。全て揃うまでにさらに3年かかった。その成果は『アウトドア般若心経』（幻冬舎刊）を見て頂きたい。

別の用途で使われていた看板漢字を般若心経になずらえて床に並べると、それは一瞬、般若心経らしく見えるが、一旦バラバラにすると全く意味を成さない。あるように見えて、実はないもの。それが『空』の真髄ではなかったか。僕はこの修行を〝写経〟と呼んだ。写真に収めるお経。一つの漢字のために飛行機や新幹線を利用したこともある。そして、ただ空となり歩き続けたのだ。

これもやはり執着なのですか？　ブッダよ、教えてください。でも、アウトドア般若心経にはダイエット効果もあり、2キロばかり減量が出来ましたよ。

マイ遺品 12

二穴オヤジ

1個見つけたら100個あると思っていい。

〝吾輩はファンシーである。名前はまだ無い〟

今から20年以上前、突如、土産物界にデビューを果たし、ほんの2、3年ですっかり姿を消した謎のファンシー・グッズ。

最初に発見した地は東京タワー内の土産物店。昔からファンシーが大の苦手だった僕も、木製の台に乗ったキャラが白雪姫に登場する七人のこびとだってことはすぐに分かった。手にはシャベルを持ち、横には丸い二つの穴が掘ってある。誰かがその穴に落っこちないかと待っているのか？　いや、ここは常識で考えて鉛筆立てに違いない。きっと夢見がちな少女が買っていくんだろうと思い、通り過ぎようとしたのだが、その木製の台にはこびとの他にプレートが立っていて、〝東京〟と書かれてある。と、いうことはこのファンシー、東京以外にも存在するのではないか？　土産物プロ（スーベニアン）の僕は直感した。

ものすごく欲しくないけど今後、旅していて別の地名が書かれたプレートを見つけた時、少し後悔するような気がして一応、買っておくことにした。

それが見事、的中した。都道府県単位ならまだしも、〃善光寺〃や〃東尋坊〃、〃鬼押出し園〃や〃池田湖〃といった名所にまでファンシーが蔓延《まんえん》していることを知った時には流石《さすが》のスーベニアンもゾッとした。

　当然、七人のこびとなので七人七様のポーズがある。帽子も服の色も異なっている。それがひとりひとり、または同じ台の上に二人乗っているバージョンもあり、ますます僕を困らせた。

　気軽に考えてたが、自ら墓穴を掘ったとはこのこと。僕はこのファンシーに憎らしさも込めて『二穴《にけつ》オヤジ』という名前を与えた。

「またも二穴オヤジ、発見！」「こんな所にも二穴オヤジ！」

ゴキブリのように1匹見つけたら、100匹いると思っていい。それほど手強《てごわ》い奴ら。もう、こっちも意地だ！　100個超えるまでもなく気付いていたのは、プレートの文字が印刷でなく、シールやハンコであることだ。これでは無限に作られてしまう。当然、どれも同じ会社の製品であることまでは分かっていたが、二穴どころか、最多で六穴オヤジまでが登場した時、〝もう、いいかげんにしてくれ!!〟と泣きそうになった。

ある日を境に僕の声が天に届いたのか、僕しか買ってなかったせいか、プッツリこの世から姿を消した。今では僕の部屋が唯一の『二穴オヤジ博物館』である。

マイ遺品 13

ムカエマ

絵馬の願いが神様に届く前に推敲してやりたくなった。

『嵐の相葉クンとつき合いたいです。ダメなら嵐のメンバー、誰でもいいよ♥』

先日も神社の境内、大量に絵馬が掛けてある場所でそんなムカエマを見つけた。特に恋愛成就系で有名な神社にはこのような願い事を絵馬に書く女子が多い。

問題なのはその言葉遣い。〝誰でもいいよ♥〟とは一体、誰に向かって願い出ているつもりなのか？　絵馬代を払っているとはいえ、いくら何でも神様にタメ口は許されない。

「そっかー、嵐は人気あるもんな。相葉クンがダメでも気を落とすなよ。他のメンバーも当たってみっから」

そんな昭和な深夜ラジオのディスクジョッキーみたいに神様は応えてくれないだろうし、第一、嵐に悪い。どの立場でこんなことが書けるのか？　僕は昔から神社の絵馬奉納所に立ち、神に代わってムカムカし続けてきた。

ムカムカする絵馬。それが『ムカエマ』の誕生である。

『〇〇高校にうかりますように。べつにどこでもいいっす。めっちゃかわいい女できます

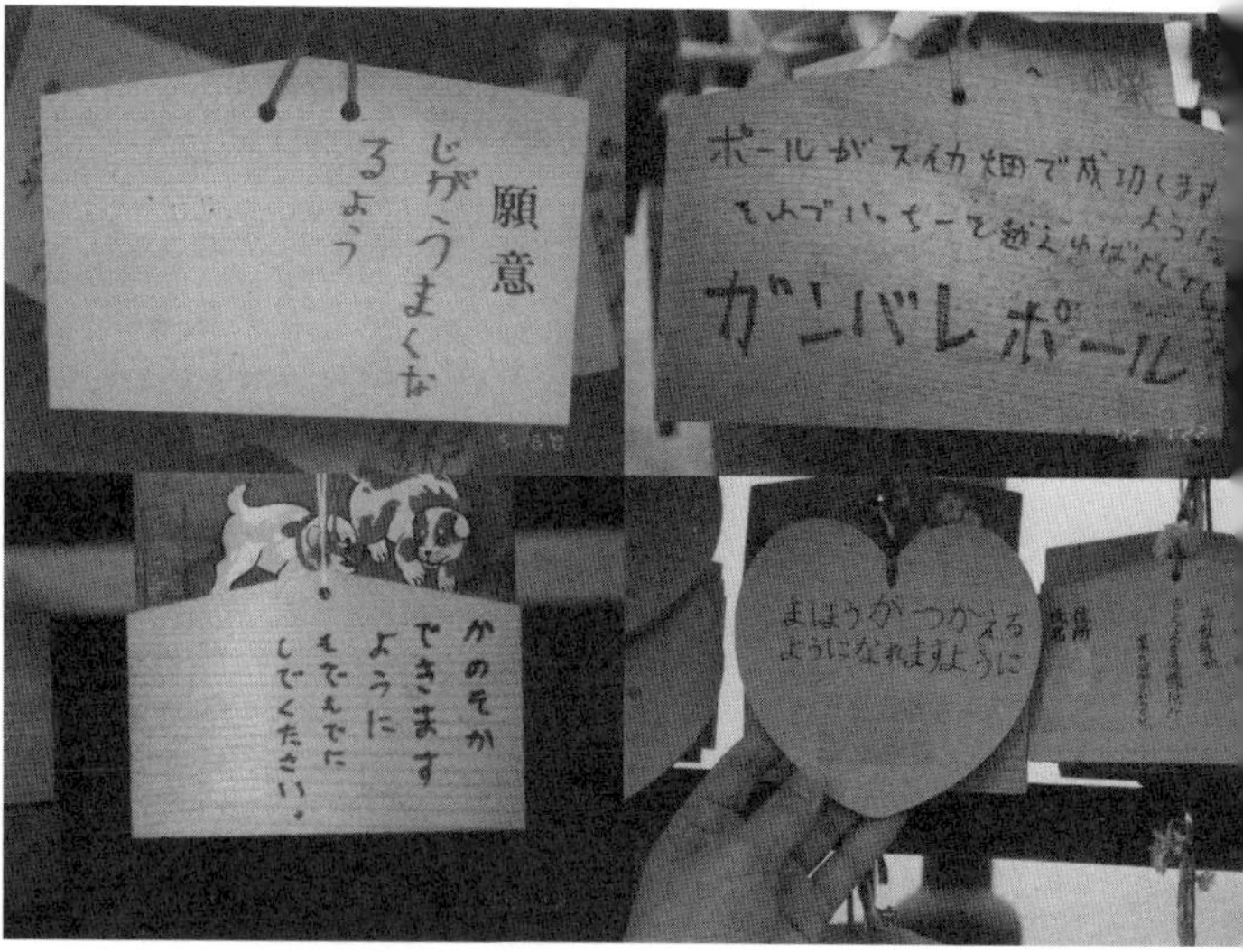

ように！　よろしく！』、『かのそかできますように。もでもでにしてください（原文ママ）』、『ウェーー！オレだけ幸せになりますよーに！』、『エッチしたいっす！』

〝もう我慢ならん！〟。僕は呟きながら何層にもなった絵馬を一枚一枚めくってチェックするようになっていた。義務感すらあって冬の寒い日でも見終わるまで何時間もその場に立っていたこともある。

『日本武道館でライブができますように。そして今年こそバンドを結成したい』

　ため口ではないにしても、願いの順序が大きく間違っている。僕は神様の目に届く前に推敲《すいこう》してやりたくなった。

『奴らにもう一回チャンスをやって下さい』

大雑把すぎる〝奴ら〟の括りに、一度ならずも二度も神様はチャンスを与えることが出来るだろうか?

『あの方たちを含めたみんなが幸せになりますように』

みんなにあの方たちが含まれていないってことはこの場合、あの方たちが地球外生物の可能性もある。確かにこんな願いを叶えられるのは神様しかいないんだろうけどさ……などと、ブツブツ呟きながら独り、絵馬を撮影してるので、当然尋問を受けたことも何度かある。今では『ムカエマ』を素早く発見、素早く撮る技を身につけたのだった。

マイ遺品 14

インパクト重視テレカ

想像を遥かに超えた図柄との出会いに思わず声を上げた。

僕の持っているテレカはインパクトのみ重視。後に価値の出そうなモノを集めてきたわけではない。

出始めは真面目な図柄のモノが大半だったが、雑誌やテレビの宣伝用テレカが出回るようになってから使用目的と図柄のギャップが生まれたのだと思う。

『ありがとう浜村淳です』と、表面に印刷されたテレカ。どういう経路で僕に回ってきたのか記憶は定かじゃないが、ラジオのスタジオで爽やかに微笑む浜村淳さんとアシスタントの女性の写真は、その使用目的をかなり限定していた。受験失敗、別れ話、深刻にならざるを得ない不幸事で電話をかける際、このテレカを使用するのはやはり気が咎《とが》めるというもの。かけた時には気付かなくとも、〝ピピピー〟と、電話機のスリットから戻されたそのテレカ。「ありがとう」と言われて、どんな気がするのだろう？

パンチインされ、テレカはやがて意味のないカードとなる。当時、電話ＢＯＸにはそんなカードがよく置き去りにされていたもんだ。

まわしを締めた一見、相撲取りに見えるオヤジの写真入りテレカ。下には〃古稀《こき》記念〃と印刷されている。プロだったのか、アマのコスプレなのか僕には未だ分からないが、何かの宣材でないことは確か。本人にとっては記念でも他人にとっては単なる

テレカ。使用済みはポイ捨てされてしまう運命《さだめ》なのだ。

テレカが隆盛を極めた時代は、日本各地の土産物屋でも〝とりあえず出しとけテレカ〟が横行、僕を困らせた。それはテレカ代プラス土産であったため、最低でも1000円以上する品物。しかも何種類も存在するものもあって、僕は吟味に吟味を重ね〝これは一生、使わんだろ〟と思う図柄の一枚をチョイスしては帰宅後、インパクト重視専用ホルダーに仕舞い込んだ。使用する気なんてサラサラないので溜まる一方。それでも集めていくうち、想像を遥かに超えた図柄との出会いに思わず店先で「やった‼」と、声を上げたこともあった。

何を思って作られたのか？　即身仏のテレカなど、もし緊急時に「貸して下さい！」と、頼まれてもこちらが躊躇《ちゅうちょ》する。「使い切っていいですよ」と、一応気前の良さをアピールしたところで、手渡された側は愕然《がくぜん》とするだろう。きっといくら正確に電話番号をプッシュしても霊界にかかってしまうに違いない。

ケータイが主流となった今、街で電話ＢＯＸを見ることも減ってきた。基本、無駄なモノを集めてきたが、テレカは全く意味のないモノに昇格しつつある。本名はテレホンカード。それすらが死語の世界入りだから。

マイ遺品 15

メダリオン

ものすごい大きな音を立て日付と名前を刻印した。

愛人から「ねぇ、どこか行きたいわぁー」などと甘えられ、仕方なく家には「出張だから」と適当な行き先を言って、ようやく旅に出た不倫男。

「うれしいわ」と、彼女ははしゃぎ、男もいつもより数段、調子に乗って旅の途中。「ねぇ、あのタワーに登ってみない?」と、彼女が指さした方向には昭和の遺産、古い観光タワーが立っていた。ふだんなら絶対に足を運ばないような所。1階の展望受付には全くやる気のないおばさんが一人座ってた。それでも「わぁースゴイ!」と、エレベーターで最上階に降りるなり彼女は窓際に駆け寄り声を上げた。大して高くはないが、誰もいない二人だけの展望階からはとてもロマンチックな海が見えた。「ねぇねぇ」、その時、彼女の目についたもの。壁際に設置された『メダル刻印機』と書かれたマシーン。「記念にやってみない?」と、言われた時、つい男は魔が差した。

販売機で2個、タワーの絵の入った金色のメダルを買う。そして、隣のマシーンの凹《へこ》んだ所にメダルを入れ、文字盤で彼女の名前を打つと、〃バンバンバンバンバンバンバンバー

ン!!〃と、ものすごい大きな音を立て今日の日付と名前を刻印した。続いて自分のも。〃バンバンバンバンバンバンバンバーン!!〃

「どうする? キーホルダーにする? ペンダントにする?」と彼女。よく見ると販売機にはメダルに取り付けるオプションまであるではないか。「いや、いらないよ」、男はこの時、あまり意識せずにメダルをサイフに入れた。

あれから数カ月経ったある日、「ねぇ、これ何?」と、妻が夫のサイフを手に聞いた。

あのメダルを差し出されるまですっかり忘れていた。「ねぇ、ちょっと待って。この日付、仕事で大阪に行くって言ってた日じゃない?」。よく覚えている。男は黙秘を決めた。「なのに何で、九州のこんなタワーのメダルがあるわけ?」。〝ヤバイ!〟。あん時、何で日付と名前まで打ったのか? もう、今となっては後の祭りだ。「ふーん……で、女の名前は〇〇ってか!」、吐き捨てるように妻は言った。〝何でそこまで分かったのだろうか?〟

あの時、男は間違えて彼女の名を刻印したメダルの方をサイフに仕舞い込んでしまったのだ。

メダル刻印機は推理小説のような〝アリバイ〟が逆にアダとなることもある。そんなことがないよう潔白な身でメダリオン（商品名）を収集されることをお勧めする。

マイ遺品 16

ヌートラ

いやらしいオヤジ主体の社員旅行で頻繁に登場したトランプ。

〝ヌード〟には大別して、アートと下品がある。前者はあくまで美の追求をモットーに女体をモチーフとするが、後者はいやらしさのみ伝えるものだ。これは正義の論理と同じく、戦いになった時、どちらが正しくてどちらが間違っているとは一概に言えない。僕が古くから後者を推してきた理由は、意外と上品に育てられたからだろうと思う。うちの家庭は厳格では決してなかったが、ことエロに関しては不毛地帯だった。

父親がたまに買ってくる週刊誌も、ヌードが一つも載ってない硬めのものだったし、オカンに至ってはいやらしいものを家庭に持ち込むことを激しく拒絶してた。僕には一般的に言われる反抗期というものがほとんど無かったが、強いて言えば下品がそれに当たる。下品なものを手にする時の〝後ろメタファー〟。上品に育った故の下品に対する憧れがハンパないわけだ。それは収集という持ち前の癖も相まって、大量のエロ本を隠し持っては見つかり、捨てられ、その繰り返しが僕の青春だった。

でも、エロ全般が好きなわけじゃない。〝脱いでりゃいいんでしょ〟と、開き直りに似

54
JOKER
54 DIFFERENT
BEAUTIFUL GIRLS
PLASTIC COATED
PLAYING CARDS
ALOHA
FROM
HAWAII
USA
BEAUTIFUL GIRLS
PLASTIC COATED
PLAYING CARDS
54 DIFFERENT
BEAUTIFUL GIRLS
$1.49
Hawaii
NEW!
JUMBO
INDEX
EASIER TO READ
¥1,200
¥1,000
ADULT
PLAYING
CARDS
¥1,000
Play-Girls
FULL COLOR
Adult Playing Cards
54 different poses
48
COLOR
54 MODELS

たヌードには一向に感じない。特にスマイル&ヌード。性に対して明け透けな欧米ヌードを見るにつけ、〝何がそんなに楽しいんだ？〟と、疑問に思ってきた。その代表格が今回、紹介する『ヌード・トランプ』（通称『ヌートラ』）である。これは昭和の時代に〝慰安旅行〟と呼ばれてたいやらしいオヤジ主体の社員旅行で頻繁に登場した品だ。トランプカード全てが違った写真のヌード（欧米ヌードも多いが、中には国産ヌードも有り）。たぶん、宴会終わりでまだ元気のある社員がポーカーやダウトなどに興じたのであろう。「おもしろいからやんない？」と、中には眠い目の女子社員を誘い、「ヤダぁー！　このカード、何?!」などと声を上げるのをニヤニヤしながら見つめる行為（今で言うセクハラ）を楽しみにしていた輩《やから》もいたに違いない。そんな兵《つわもの》どもの夢の跡がヌートラの世界なのである。

今では温泉街の潰れそうな土産物屋の片隅にひっそりとその身を隠していることがあり、僕は見つけ次第、捕獲。そして保護という名目で収集している。どれも基本はスマイル&ヌード。僕の好きな淫靡《いんび》な世界ではないが、本当の意味での下品とはこういうことを言うのではないかと思うのだ。

マイ遺品 17

地獄グッズ

どうせ堕とされるなら……。予習のためにいろいろ集めた。

〃どうせ堕とされるなら少しは予習ぐらいしていった方がいいんじゃないか〃

今から10年ほど前、突然そんなことを思い立ち〃地獄〃について調べ始めた。日本の地獄は平安時代、源信という僧が著した『往生要集』がベースになっている。たぶん当時からすればかなりのパンク本。のうのうと暮らしてた貴族あたりは不安に慄《おのの》き、地獄の沙汰も金次第と必死で寺に寄進したに違いない。しかし、亡くなって初七日から始まる裁判で（最終審判は49日目）犯してきた罪状が全て暴かれ、人は平等に地獄へ堕とされるのである。

ここからが予習しておくに値する八大地獄。〃等活《とうかつ》地獄・黒縄《こくじよう》地獄・衆合《しゆうごう》地獄・叫喚《きようかん》地獄・大叫喚地獄・焦熱《しようねつ》地獄・大焦熱地獄・無間《むげん》地獄〃と、その罪状によって堕とされる所が違ってくるわけだ。等活は生き物（アリや蚊も含まれる）を殺した者、黒縄は殺生と盗みを犯した者、衆合はさらに禁じられた性行為をした者、叫喚は殺生＆盗み＆邪淫＆飲酒、大叫喚はプラス妄語、焦熱はさらに邪見を加え、大焦熱は6つの罪＋尼僧や童女を犯した罪、無間はそれら全てと親を殺すなどの仏教5つの大罪をトッピングした者だという。ど

うなのよ？　これじゃ極楽なんかに往ける者などおらず、ガラガラ状態じゃないのかね。

　問題なのはその地獄での生活だ。僕はたぶん大叫喚地獄あたりだろうから舌を抜かれたり、串で刺されたりする日々を送ることになるんだな。たぶん友人の多くもここだろうし、たまに顔を合わせることもあるかもしれない。その時は「お互い大変だな」と、笑える余裕は持ちたいもんだ。

僕は予習を終え、現世で手に入る地獄グッズ（当然、あの世には土産物屋などないだろうし）の捜索を始めた。すぐに浮かんできたのは別府の地獄温泉めぐり。早速、行ってみると絵ハガキセット、〝毎日が地獄です。〟と胸に書かれたTシャツ&キャップを発見！　即ゲットした。堕とされた暁には是非このファッションで決めたいものだが、脱衣婆《だつえば》にどうせ剝《は》ぎ取られてしまう運命。

そうだ、今は余り見かけなくなったが、〝地獄ラーメン〟なんて看板に出してる店なかったっけ？　調べてみると都内で1軒発見。早速、食べに行ったが激辛ブームもあり、この地獄は大した辛さと思えなかった。ロックでもとりわけヘビィメタルと呼ばれるジャンルはその邦題に〝地獄〟が付けられてることが多い。KISSなどはそのカッコからして獄卒側だと思っていたが、歌詞をじっくり読むと何のことはない、僕らといっしょの堕とされ側だった。地獄にまつわる映画、本などもいっぱい集めたので、後は死ぬ日が来るのを待つのみである。

マイ遺品18

電子念佛機

寺院のみならず、家庭内でもお使いになれます。

テレビショッピングなどでタレントの口から連呼される〝優れ物〟。本来は品質や性能が優れている品物という意味である。「えーっ!?　こんなに吸い取っちゃうんですかぁー」、「他社の製品と比べこんなに吸引力が違うんですよ」、「いやぁー、これは本当、優れ物ですねぇー!」。それを見て信じるか、信じないかは視聴者に委ねられている。

さて、次に御紹介しますのは電子念佛機《ねんぶつき》なんです。

「はぁ?」

電子念佛機、御存知ないですかぁ?　特にこれからのお盆シーズンには欠かせない一品となっております。主な用途は寺院でのちょっとした法要。わざわざ僧侶を呼んで読経するまでもない時、お参りにみえた方々に厳《おごそ》かな雰囲気を味わってもらうために開発された製品なんです。従来のオーディオセットと違いこの電子念佛機、手の平に収まる大変コンパクトな優れ物。ボリューム最大で大体、20畳までの仏殿に対応、読経を響かせることが可能なんです。

寺院のみならず家庭内でもお使いになれます。特にお盆シーズンなどは仏壇の中に電子念佛機を入れ心地良いボリュームでお経を流されるなんてどうです？　素敵でしょ。今回はこのＢＯＸタイプの他、阿弥陀如来、千手観音に電子念佛機を内蔵した2種、特別に御用意させていただきました。

「でも、操作の方は難しいんでしょ？」

　いや、操作はお年寄りの方にも実に簡単！　念佛機裏にありますボリューム調整も兼ねたスイッチを入れてもらうだけで読経が始まります。電池で最長24時間、別売りのＡＣアダプターを接続することで永遠なる極楽浄土が約束されるんです。そして、この千手観音タイプの台座部分を御覧下さい。

「ソーラー・パネル、ですね?」

そうです。日中、太陽の光に当てておきますと読経はもちろんのこと、千手の光背《こうはい》の部分、千の手が自動的にグルグル回るといった優れ物なんです!

「いやぁー! エコですね」

本来、お釈迦様が望まれたことって、そういうことじゃないでしょうか。それでは一度、スイッチを入れてみますね。

〝プチッ〟〝アミタ〜ファ〜アミタ〜ファ〜♬〟

「コレ、日本語じゃないですね」

そう、全て中国製なんです。一度、私、中国からの帰り、機内に持ち込んだバッグの中からお経を流してしまうという事件を起こしました。スイッチの部分が甘い作りなので今後、電子念佛機を使用される方は十分に御注意下さい。

マイ遺品 19

本命盤

映画とは別の楽団が吹き込んだ企画モノレコード。

中・高まではLPレコード1枚買うと、親から貰ったその月のお小遣いはほとんどなくなった。レンタルレコード店すらなかった時代、だから本当、どうしようもないレコードを買ってしまった時の落ち込みようは今では考えられないくらい激しかったものだ。『好きにならずにいられない』とは、エルビス・プレスリーの歌のタイトルだが、修行のように聞き込んで無理矢理好きになるしか立ち直る方法はない。「コレ、めっちゃエエぞ」と、友達が家に遊びに来た時、そんなレコードを流すのも修行の一環。しかし、1曲も終わってないところで「どこが?」と聞かれ、何も言い返せなかった辛い思い出。それが反動となり、自分でお金が稼げるようになった時、僕は〝ジャケ買い〟の道に進んだのだ。

ジャケ買いとはすなわち、レコード・ジャケットのおもしろさだけで判断、即買いすることである。シングルも含め何百枚にもなったジャケ買いレコード。中には名盤と言われるものもあるが、初めっからどうしようもないレコードと分かるものは聞かないことにしている。一時期、ジャケットにオッパイが写っているものばかり捜していたことがあって、

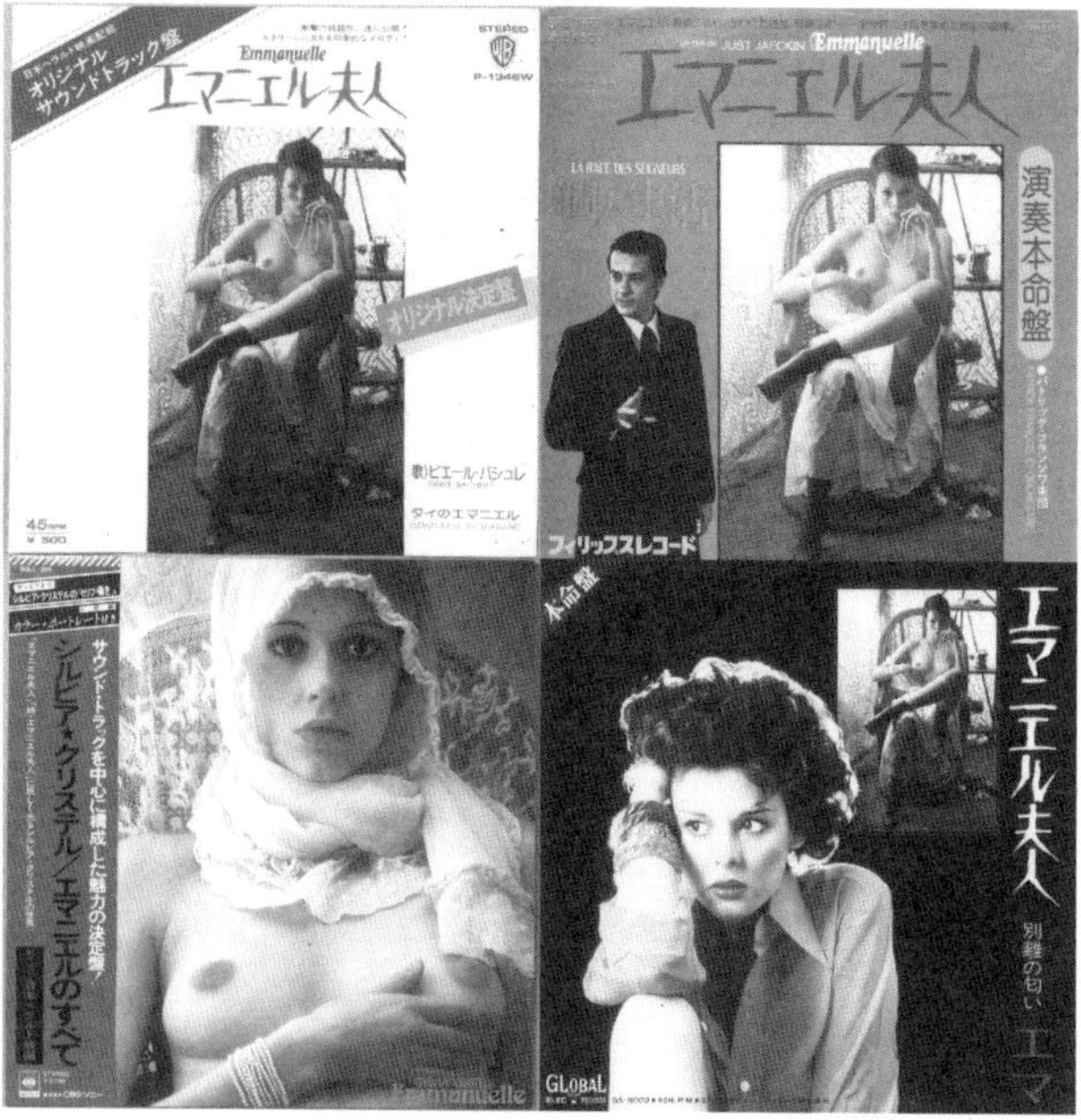

当然『エマニエル夫人』のサントラ盤も引っかかってきた。あの有名な籐の椅子に座ってるやつだ。シリーズは全3作でそれぞれサントラ盤が出ているのだが〝パチモノ〟も多い。

この場合のパチモノとは、映画で流れる本物の歌や演奏ではなく全く違った楽団が吹き込んだ企画モノのレコード。中にはよくジャケットを見てみると〝サウンドトラック〟とは名乗らず（いや、名乗れず）、言い訳のようなことが書かれているものがあった。

『本命盤・エマニエル夫人』

『本命決定盤！　エマニエル夫人』

『演奏本命盤・エマニエル夫人』

どう？　この〝本命〟とは一体、何だ？　よく使われるのは恋愛に関して「オレ、あのコ、本命だから、ヨ・ロ・シ・ク！」って時だ。それは一方的な思いであり、相手の意志は関係ない。これらのパチモノも、映画サイドはどう思うか知らないけれどこの演奏自体は本命だからヨ・ロ・シ・ク！　ってことなのだろう。「ちょっと待て！　本命は本命でもこちとら決定盤だ！」と、後出しジャンケン・レコードも見苦しい。これ全て、昔なら知らずに買って確実に1カ月は落ち込んだ品々であることだけは間違いない。

マイ遺品 20

ヤシやん

ヤシの実を彫った素朴すぎる脱力キャラ。

もらったことも、あげたこともない土産物がこの世には存在する。それはもう土産物と呼ぶに相応《ふさわ》しくないかもしれないが、今から30年ほど前までは堂々、土産物屋の店先に出されたワゴンの中から〝どう？　ボクってカワイイでしょ！　是非、観光の思い出に〟と、愛嬌を振りまく『ヤシやん』の姿が目撃されたものだ。ヤシやんとは、ヤシの実を彫ったキャラクター人形のことで、大概は海辺の観光土産物屋に存在したが、その素朴過ぎる脱力キャラに僕が思わず付けたネーミングである。

もらったこともあげたこともないのだからヤシやんを手に入れるには自主的に買うしかない。これにはかなりの勇気がいる。

夏の宮崎。青島神社に向かう参道でヤシやんたちと目が合った。

〝どう？　ボクってー〟

チラ見しただけなのでよく分からないが、5、6体いた中の何体かは確実に形状が違って見えた。長い耳があるやつとないやつだ。僕は神社に参拝している間もそのことが気に

なって仕方なく、戻って来た時つい手に取ってしまったのが運のツキ。「かわいいやろ、それ。今日は負けに負けて半額でいいから」と、店のおばさんに捕まった。

「コレ、ウサギですか?」

聞くと「そうやろうねぇ」と無関心。

「こっちはアヒル?」

「もう2体まとめて1500円でいいから」

とにかく売ってしまいたいらしい。一体、何年前から置いてあるんだろう。僕の手にはいっぱい木屑《きくず》が付いていた。

新聞紙に包まれたヤシやん2体、

家で開けた時、またボロボロと木屑が落ちてきてカーペットを汚した。その後、たまたま行った神奈川県の江の島で別種のヤシやんと遭遇、今度は黒い耳が垂れ下がった犬のようなやつと、セーラー帽をかぶったオジサン。その時は全く気付かなかったが、4体を家で並べてじっくり見たら、どうやらウサギはバッグス・バニーで、アヒルはドナルドダック、犬はグーフィーで、セーラーオジサンはポパイを模しているつもりらしい。僕はその発見がとてもうれしくなって、もっと別種がいないものかとその日以来、ヤシやん発掘キャラバンを開始した。

オカッパ頭のメガネをかけた猿、ダルマ大師のように座禅を組むゴリラ、ドナルドの頭に大きなリボンをつけた（たぶん）デイジーダック。本場ハワイではフラダンス猿など、夢中で買ってきてはさらにカーペットを木屑だらけにした。まだ、素朴さと大らかさのあった時代の産物。いつの日か、円空仏のように再評価を受けることは……たぶん、ないだろう。

マイ遺品 21

ブロンソングッズ

ビデオ、サントラ、写真集……を根こそぎゲット！

当然、皆様は御存知ないだろうが、今から20年ほど前、僕と俳優の田口トモロヲは『ブロンソンズ』を結成した。唐突にそんなこと言われてもお困りだろうと思うので一応、説明を加えると、二人は同い歳で尚且《なおか》つ、文化系一筋の道を歩んできたいわゆる童貞こじらせ野郎。そんな二人が所違えど中学生時代にチャールズ・ブロンソン（日本では男性化粧品のCM「う〜ん、マンダム」で有名）の出演映画を見て〝この男気についていきたい〟と、強く思ったのだった。

特に仏映画『さらば友よ』（1968年）では、'70年代世界一のイケメンと呼ばれたアラン・ドロンと共演し、何と岩石のようなブロンソン・フェイスが圧勝するという一大事件が起こった。

「男は顔じゃない！」

この、言うは易いが心底思うのは難しい現実をブロンソンが実証した衝撃の映画。後に僕らはそれを〝ブチャムクレ革命〟と呼んだ。以来、出演作は次々に公開され大ヒット。

個性の時代にあってブロンソンはその代表格となったのだった。
　しかし時は過ぎ、またもスマートなオシャレが持て囃《はや》される時代到来。ブロンソン作品は途端に影を潜めた。原因は顔の濃過ぎだけじゃない。と

にかく銃を撃ちまくるワンパターン映画だったし、共演者に無理矢理、当時の嫁を差し込む強引さもあった。

「B級映画とはすなわちBRONSONの〝B〟じゃないのか?」

僕らは初めて出会った日にそんな話題で盛り上がり、しこたま酒を飲んだ。

「でもそこがいいんじゃない!」、そんな結論が出て、再びブロンソンから教わった真の男気を思い出したことは確かだった。以来、見逃してた作品は各地の中古ビデオ屋で二人が根こそぎ購入したために一時期、間違ってブロンソン相場が値上がりし、自ら首を絞めることとなった。パンフやサントラ、写真集はもちろん、ありとあらゆる髭《ひげ》のつくものを見ては〝このルーツはブロンソンじゃないか?〟と疑うほどのノイローゼぶりだった二人。

そして、とうとう『大脱走'95』と『マンダム〜男の世界』のカップリングCD(歌詞を勝手に書いたカバー曲)まで発売し、ブロンソンズとして活動を始めたのである。ブロンソンがお亡くなりになった時も僕らは勝手に日本の遺族代表として『ブロン葬《ソウ》』なるイベントまで行ったのだが、余り知られてはいない。文化系にだって男気は宿る! そんなスローガンを掲げ、ブロンソンが住む(と、勝手に想像する)「ブロンソン大陸」にたどり着けるよう精進したいって二人は思ってんだけど、やっぱどーかしてる(通称・DS)ことだけは間違いない。

マイ遺品22

ローリング

背骨は大丈夫か？　少しでもポージングが崩れたら大変だ。

未だ、オリンピック競技に入れてもらってない種目がある。それは『ローリング』だ。その大きな理由に、まず、選手がオールヌードであるところが挙げられる。これではテレビ放映の許可はいつまで経っても下りない。オールヌードをどうしても譲れないのは何故か？　選手に聞くことは出来ない。相手がヌー銅（〝ヌード銅像〟）だからだ。それならと一度、著名な銅像作家の方にその点をお伺いしたことがあったのだが、「たぶん、裸である理由は特にない」とおっしゃった。元が西洋彫刻で、モチーフとなった女神がその姿だったからなのかもしれない。

次に〝背骨は大丈夫か？〟という、競技を見る側の心配がある。そりゃ、本当に体の柔らかい人がこの世に存在することは知っている。だが、ソロ・ローリングはまだしも、ツイン、トリオ、さらにはセブン・ローリングともなれば、一番下で支えてる人の背骨はその重圧で折れてしまうことなど素人の目でも分かる。きっと、その判定は各選手のポーズがピタッと決まった一瞬で技術点や芸術点を出すものだと思うが、それにしても無茶過ぎる。遠目には単に大きな輪が何重にも重なってるとしか見えないトゥーマッチ・ローリング。少しでもポージングが崩れたら大変だ。競技会場は惨状と化すだろう。

　本来なら〝サークル〟と呼ぶに相応しい種目であるが、僕はこう思うのだ。人は可能な限り何だってやるだろうと。キャタピラーのように前進するチームが必ず現れる。選手と選手の距離感をキープしながらのローリングに世界中の人はアッと驚くだろうし、金メダ

ルは間違いない。もう、その時点では選手たちがオールヌードであったことなど観戦する者は気にならなくなっているかもしれないが、もう一度ここで改めて問いたい。レオタードくらい身に着けてはどうだ？

ヌー銅は大概、公園や駅前など人通りの多いところを狙って立っている。辛うじて救われているのは人肌の色をしていないというところだ。想像して欲しい。もし、ヌー銅に着彩が施されていたとしたら？　特に思春期を迎える少年少女にとってその姿はどう映るのだろうか。そんな理由もあってか平成に入ってからは、とんと目新しい銅像は現れていない。ローリングがオリンピック競技に入れないことは仕方ないとして、今後も絶滅危惧種のヌー銅を僕は各地を回り捜し、撮影し続けていく所存である。

マイ遺品 23

朱印帳

スタンプ・ラリーのルーツはお遍路なのではないか。

『ウルトラマンA《エース》』（1972〜73年）で初めて導入された〝ウルトラサイン〟。これはウルトラマンたちが住む〝光の国〟の文字だとされるが、どう見てもそのルーツは梵字《ぼんじ》にある。そのことを察知した僕（その頃、自ら仏教系中学に進学したバリバリの仏像少年）は、もうクラスメイトに熱く語ることだけは控えていた。それは小学校での苦い経験があったからだ。「ウルトラマンの設定は弥勒菩薩《みろくぼさつ》にあり」という自説を広めるのに夢中でまわりが見えなくなり、友達が僕の元を去っていく原因となった。今の言葉を使うと〝うざがられて〟いたことに気付かなかったのだ。

だから僕は古美術を愛好する母方のおじいちゃんにだけこの新事実を伝えることにした。その時、おじいちゃんは僕が持参した「ゾフィー」「マン」「セブン」「ジャック」「エース」のウルトラサインを見て、「じゅんちゃんの言うように梵字、すなわち古代サンスクリット語をモチーフにしてることは間違いないな」と断言した。

「でしょ！」

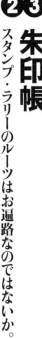

特に密教の世界では梵字の曼荼羅（種子曼荼羅）というものがあり、各仏菩薩を梵字一文字で表現する。それはお寺巡りの必需品『朱印帳』に押される判子でも見かけるものだ。そもそも日本初のスタンプ・ラリーはお遍路にあるのではないか。四国八十八ケ所を回り、その白装束を各寺の朱肉で押す判子で染める行為、コンプリート時の達成感も相まって全国に広まっていったものであろう。JR東日本の〝ウルトラマン　スタンプラリー〟もまたお遍路をルーツとするものであろう。

少年時代、僕は休日になると地元・京都や奈良まで足を延ばし仏像鑑賞をしていた。〃アイドル〃に会えば2ショット写真が欲しくなるのは当然のこと。だが、堂内は撮影禁止で、せめて仏のサインだけでもと始めたのが朱印集めのきっかけだった。渋いデザインの朱印帳の蛇腹になったページにその寺の本尊梵字印を押し、僧侶に一筆添えて頂く。拝観した日付も書いてもらえるので思い出を記録するには絶好のアイテムなのである。

僕の記念すべき1冊目は奈良の法隆寺から。〃昭和四十四年八月十五日〃と達筆な字で記されていた。世の物価と共に朱印の値も上がった。大寺院となると各お堂にも朱印があり、全部集めると何千円もかかる。それにリピーターの場合はどうする？　日付が違うだけで同じ朱印もなぁ……、そんなケチな煩悩と戦いながら今もお寺を巡っているのである。

マイ遺品 24

青影

片やアイドル、片や追っかけだったあの頃。

人生で一度だけアイドルの追っかけをしたことがある。それは小４の時、「御室《おむろ》小学校に青影が通ってる」という噂を耳にしたからだ。僕は当時、京都・嵐山線の北野白梅町《はくばいちょう》って駅の近くに住んでいたのだが、御室（現・御室仁和寺）はその４駅先にあった。

「そこからやと太秦《うずまさ》も近いしその噂、本当かもしれんなあ」と、クラスメイトの池山君が言った。太秦（現・太秦広隆寺）という駅には東映の撮影所があり、そこで人気ＴＶ番組『仮面の忍者　赤影』が撮られていたのだ。青影はその中に出てくる少年忍者で、歳も僕らと近くて憧れの存在だった。「行くしかないやろ」、追っかけ決行はその週の土曜日。４時間目の体育の授業をサボって御室小学校の校門で待ちぶせすることにした。ゾロゾロ出てくる生徒を必死で見ていたのだがそれらしき人物はいない。「やっぱ、嘘やったんちゃう?」、諦めかけていたその時、校門から1台の自転車が飛び出した。

〝あっ!〟忍者の格好こそしていないが、すぐに分かった。青影が僕らの目の前を通過していく。このまま走り去られてはマズイ!　かといって声をかける勇気もない僕らは青影

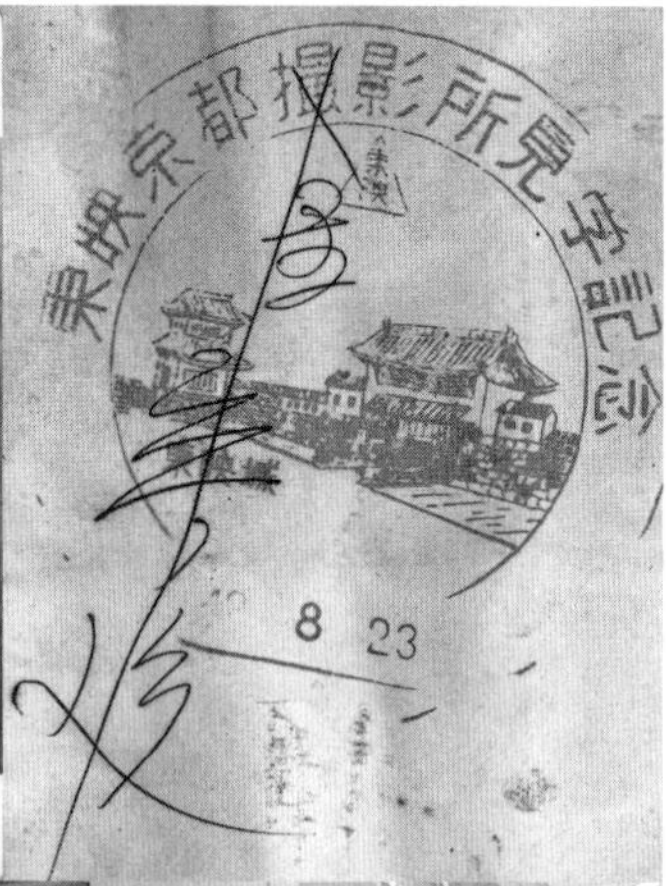

自転車を追跡することにした。

〝ハァハァハァ……〟もう心臓が破れそう！　それでも夢中に走って人通りのない路地に出た時、ようやく自転車はスピードを緩め、近くの団地の前で止まった。僕らは慌ててコンクリートの壁に身を隠し、その様子をうかがっていた。

〝青影って、鍵っ子なんや〟、意外な事実を知って僕らは何だか気が抜けた。

「どうする?」

「訪ねてはいけへんやろ」

結局その日はアジトを確かめただけで終わった。

それからしばらくして、池山君の親が東映の人と知り合いだったってことが判明、頼み込んで撮影所見学のチャンスを摑《つか》んだ。もう、その後のことは呆然としていてよく覚えていない。今も手元に残っているのがその時、書いてもらった青影のサイン。

あれから50年近く経ったある日、見に行ったデパート催事の怪獣展で「みうらさんですよね?」と声を掛けられ振り向いたら、何とそこには少年忍者の面影を少しだけ残した青影(金子吉延さん)が立っているではないか!

「僕のこと色々、雑誌で書いてもらってありがとうございます」

「いやいや……こちらこそ……」

かつてのアイドル、かつての追っかけ。僕はこの運命に感謝し、あの青影ポーズ(鼻のとこに手をやって開くやつ)をキメて記念写真を撮ってもらったのだった。

マイ遺品 25

ウシグッズ

12年に一度ウシ・ブーム到来？

就活してた時、一番入りたかったサンリオの面接で「社に何を望みますか？」と聞かれ、僕は「ウシのグッズが出したいです」と答えた。その時、面接官が言った鋭い一言「それは自分で出して下さい」。今思うと、それが僕を〝ない仕事〟に向かわせた大きな要因だったかもしれない。予想通りサンリオを落ちた僕は誰に頼まれることなく〝ウシのグッズを出すためにはどうしたらいいか？〟と日夜、一人会議してた。

そもそもウシに魅せられたのは、美大時代、風呂なし共同便所のボロアパートに住んでいた僕と友人がよく話してた「一度、広い草原で弁当を食べてみたい」というスウィートな夢が叶い、レンタカーで信州の牧場に到着、柵を乗り越えピクニックシートを広げた時に起こった恐怖体験が発端だ。何十頭ものウシたちが不法侵入者である僕たちを取り囲み、マットを踏みつけ、そして手製弁当の上に事もあろうに奴らの特徴の一つである反芻《はんすう》ってやつで大量のヨダレまで落としやがった。

結局、夏の暑い日、命からがら逃げ出し仕方なく車の中で辛うじて助かった弁当を食べ

た。しかし、あんな間近でウシを見たことは初めてだったのでそのフォルムとデザイン（特にホルスタインの黒い斑《まだら》模様）がミョーに頭に焼き付いた。

それ以来、僕は街でウシのグッズを見つけると欲しくて堪らなくなった。中でも〃ミルクモウモウ〃という幼児向けプラスチック製玩具は、首を下げ水を飲ますと「モウ〜」と鳴き、指でオッパイ（ここはゴム製）を揉むとミルクが出てくるという優れもの。ま、本当のミルクなわけはなく、予《あらかじ》めオッパイ部分に入れておいた白い錠剤が水で溶けるってもんなんだけど。

気が付けばファンシーでもリアルでもカンヅメでも陶器でも関係なく僕は集めに集めて、とうとう〝ウシ収集家〟という肩書で'80年代初頭はよく雑誌に登場してた。うれしかったのは酪農専門誌からのインタビュー依頼がきたこと。その時、本物の搾乳機まで買おうかと悩んだくらいどうかしてた。

そして、僕の描くウシ・キャラは、何とチチヤスヨーグルトのアニメCMにもなって、遂にウシ・ブーム到来！　と、ぬか喜びしたのは束の間、それは単に翌年が丑年だっただけのこと。

その年の年賀状特集本へのイラスト依頼はハンパなかったが、それ以降、全くこない。ちょっと焦って寅や卯の絵にチャレンジしてみたんだけどうまく描けず、干支作家の道は諦めた。

それから一回り。再度丑年を迎えた時、「自分で出して下さい」と言われたサンリオからじゃなかったけど、スキー用品などの専門店「アルペン」のCMキャラクターに僕の〝なんぎならうし〟が採用されたのだった。

マイ遺品 26

栗田ひろみ

アイドルに片思い……未だに完治しない〝青春ノイローゼ〟。

自分で言うのも何だけど、僕の性格はとてもしつこい。一度、好きになったものはずっと好きでいられる。そりゃ中学生時代に比べりゃ気持ちの方は随分治まったけど、〝青春ノイローゼ〟は未だ完治していない。それは単なるファンとアイドルの一方通行な恋だったから、何も始まっちゃいないし何も終わってはいないのだ。

僕が一生涯で一度だけ（この先も無いと確信してる）恋をしたアイドルの名は栗田ひろみ。'72年、雑誌「週刊プレイボーイ」のグラビアページで初めてその存在を知った。彼女は今で言う〝グラドル〟の魁《さきがけ》であり、その一般的なアイドルとは一線を画してたところにもグッときたわけだ。

週プレ巻末のプロフィールには〝東池袋に住む栗田裕美クン〟と紹介されていて、僕はいつかその東池袋という街でバッタリ君と出逢い、そしてゆくゆくは結婚するところまで夢見ていた。通学の定期入れに雑誌から切り取ったことがバレバレな彼女のセーラー服姿の写真を入れ、友達に「つき合うてるコなんや」と見せびらかしては「おまえ、頭大丈夫

STEREO
L-1120W
太陽のくちづけ
●ほほえみの天使
歌／栗田ひろみ
45RPM
¥500

GLAMOURS106
photographed by
KISHIN SHINOYAMA
1973 TOKYO

声の出る
ウィスパー・カード
栗田ひろみ
その1

放課後

か?」と心配されるほどになった。
だから君(とまで呼ぶが)が映画やテレビに頻繁に出たり、レコードまで出すというい
わゆるスター街道まっしぐらになった時、うれしい反面、僕だけの君じゃなくなったと思
い、とても淋しかった。ヌードにもなったんだよね。これには本当、弱った。知らない野
郎どもに君の裸を見せたくない一心で僕はとりあえず近所の本屋でそのヌードが載った雑
誌、全部買った。ま、3冊なんだけど。
『いつのまにか少女は』っていう、主演映画『放課後』のエンディング曲。その切ない歌
詞通り、君は季節が変わるみたいに大人になった。僕は一人、取り残された気持ちになっ
て、壁中にびっちり君の切り抜き記事やポスターを貼りめぐらせた部屋で悶々とした日々
を送ってた。
そのせいか学校の成績は急降下(って、元々ダメだったけど)、両親もそんな息子を大層
心配してた。〝これじゃいけない!〟と、ある日君に関する全てのものを捨てる決意をし
た。それが今となっては後悔のタネ。あれから40年以上、時が流れて僕はコツコツとまた
それらを買い直している。先日も映画のロビーカード、古本屋で見つけて飛び上がるくら
いうれしかった。
還暦過ぎてもずっと僕の片想いは続いてる。

マイ遺品27

バッグ・オブ・エイジ

文具屋の店先にぶら下がる謎の英字が描かれた紙袋。

僕は中・高と大層英語が出来なかった。

ま、それで大変困ったこともなかったので、そのまま英語が出来ないオッサンになった。思い返すと一度だけ、悔しかったことがある。憧れのスター、ボブ・ディランに九州・小倉のコンサートホールの楽屋前でお会いした時、「ハウ・ドゥ・ユー・ドゥ」とだけカタコトで言ったのだが、それすらボブに伝わったかどうか怪しいもんな。

男子校での英語の授業中ときたら、先生に本読みを当てられても決して正しい発音なんて口が裂けても出来ない。

例えば〝AN　APPLE〟を「アンナッポー」なんて読んだ日にゃ「おまえ、何いちびっとんねん!」と、不良連中から罵声を浴びせられることを覚悟しなければならないからだ。ちなみに〝いちびる〟とは関西弁の調子に乗ること、またはカッコつけることだと理解して頂きたい。

それだけで済めばいいが、その日からアダ名が〝アンナッポー〟、なんてことにもなり

かねない。実際、そう呼ばれていた友達もいた。

だからここは関西人として「あっぷる」。少しでも楽しく学園生活を送りたいならそう言うべきだった。

でも、家に帰ると洋楽を好んで聴いているという矛盾。英語イコール〝いちびる〟の呪縛さえなければひょっとしてあの時、僕はボブにアメリカンジョークの一つでも振り、気に入ってもらえたかもしれない。ただ、それだけが心残り。

話変わるけど、日本で市販してる紙袋はとても出来がいい。手提げ紐も丈夫で相当重いものを入れても切れることはないし、紙袋の表面にビニールがかかっているので雨の日も安心。そんな紙袋が大量にぶら下がってる文具屋の店先。ある日、何気に見てると、そこに様々な英字が印刷されていることに気付いた。

『LOOK　UPON』。一体、何を見ろと紙袋は言っているのだろうか？　『WHISPER』。ひょっとして紙袋の中に妖精でもいて、ヒソヒソ囁いてくるとでもいうのか？　うーん……。『PULL　TOGETHER』。みんなで引っ張ったら流石の日本製も破けてしまうだろうが。『KING　OF　KINGS』。そんな王の中の王がよりにもよって紙袋は持たんだろ！　『HUMAN　DIALOGUE』。もうサッパリ分からん！　僕は以来、これら英字入り紙袋を『バッグ・オブ・エイジ』と呼んで意味無く収集することに決めたのだった。

マイ遺品28

キンアソ

映像ソフトもサントラもパンフも全買い！

僕の涙腺の弱さはハンパない。

ドラマ、映画、ドキュメント、その制作者の意図通り泣いてみせようホトトギスなのである。その原因は、何も加齢による涙腺を司《つかさど》るパッキンの摩耗だけではなく、まだ〝全米が泣いた〟よりずっと昔から僕はテレビやスクリーンの前で泣き続けていたのだ。

それを〝女々しい〟とか〝単純〟という言葉で片付けられてしまっては大変困ると思っているのは、僕にもかつては男のプライドというものがあったからだ。メガネが曇ってしまうほど泣いた姿は、特に女子には見られたくなかった。

それでも源泉かけ流しのように湧いてくる涙は止めようがなくて、映画のエンドロール、洋画の場合は必死で日系人の名前を見つけたり、ケータリングの人数を数えたりして気を散らし、少しでも映画館の空調でドライアイするよう努めるのだけど、頬を伝う涙ってやつはどうしても己の手で拭い去らねばならず、カンのいい女子には気付かれてしまう。館内が明るくなり、勢い良く立ち上がったのはいいが「え？　泣いてるんだ」と指摘され、

DECCA
DS-133
禁じられた遊び
ROMANCE DE AMOR
SEVILLANAS Y PANADEROS
VICENTE GOMEZ
MOVIE PARADE Vol. 2
THEME MUSIC
DECCA
Jeux Interdits
禁じられた遊び
(ギター) ナルシソ・イエペス NARCISO YEPES
G.P.
JEUX INTERDITS
NARCISO YEPES
禁じられた遊び
LSP-260
JEUX INTERDITS
禁じられた遊び
サウンド・トラック盤
●第一部／第二部
ナルシソ・イエペス
NARCISO YEPES
SKR-2001
禁じられた遊び
ゴールデンステレオ
6
STEREO
DS-133
禁じられた
遊び
愛のロマンス
ROMANCE DE AMOR
セヴィリヤーナスと
パナデロス
SEVILLANAS Y PANADEROS
ヴィセンテ・ゴメス
VICENTE GOMEZ
DECCA
ELITE
禁じられた遊び／ナルシーソ・イエペス
LS 5014
Romance YEPES
KING 45
ENCORE
アンコール盤
禁じられた遊び
Thème Musique de "Jeux Interdits"
ナルシソ・イエペス
Narciso Yepes
雪の降る町を
キングオーケストラ
BA-13
サウンド・トラック盤
LONDON
TOP-1360
禁じられた遊び
JEUX INTERDITS
第1部／第2部
ナルシソ・イエペス
NARCISO YEPES (ギター)
RCA
Gold Standard Series
禁じられた遊び
夜霧のしのび逢い

仕方なく認めると、「どこで泣いた？　私、ちっとも泣けなかった」などとブツクサ言われ気を悪くして映画館を出るのは、もうまっぴらだ。

そんなことを思って中学生時代、映画というものは一人で見るものだというマイルールを作ったが、本当のところは彼女なんてものに縁遠かっただけである。

ルネ・クレマン監督の『キンアソ』（『禁じられた遊び』の略）はリバイバル上映で中学時代に見た。少年の名前は〝ミシェル〟。彼女は〝ポーレット〟。戦争が切り裂きやがった淡い恋心。ラスト、雑踏の中でポーレットが「ミシェール！　ミシェール！」と、叫ぶ名シーン。それが最後には、「ママー！　ママー！」に変わっていくところ、ナルシソ・イエペスの切ないギターの音色と相まって、また泣けてくることこの上なし。

あれからビデオ、レーザーディスク、DVD、ブルーレイと『キンアソ』が発売される度、買ってきた。それにサントラ盤と歴代パンフレットと、スチール写真……。数年前に出たブルーレイには未公開のラストシーン（二人が天国みたいな所にいる少しハッピーなやつ）が入っていて驚いたが、ま、どちらにせよ涙腺決壊。いくつになっても。

マイ遺品 29

仁鶴さんグッズ

仁鶴さんの人気の凄さはビートルズ並みだった。

「大発見やァ！」

これは僕の小学校卒業文集での作文タイトルである。

早生まれということもあってか1年生からクラスで一番のチビで悩んでた僕は、6年の身体測定の時、遂に一人抜かして前から二番目になった。そのことが何よりうれしい思い出だったので、当時、関西で大流行してた笑福亭仁鶴さんのギャグをタイトルにして書いたのだが、担任の先生から後に「じゅんちゃん、ホンマはこーゆーのアカンから」と、注意を受けた。

当初、文中にも「どんなんかなァー？」とか「うれしかるかる」など仁鶴さんギャグをふんだんにちりばめていたが、全て削除された。

生まれて初めて聞いた深夜ラジオ『なぐりこみ歌謡七人衆』（ラジオ大阪）で仁鶴さんの存在を知って以来、続く番組『ヒットでヒット　バチョンといこう！』（同）で完全にハートを鷲摑みされた。

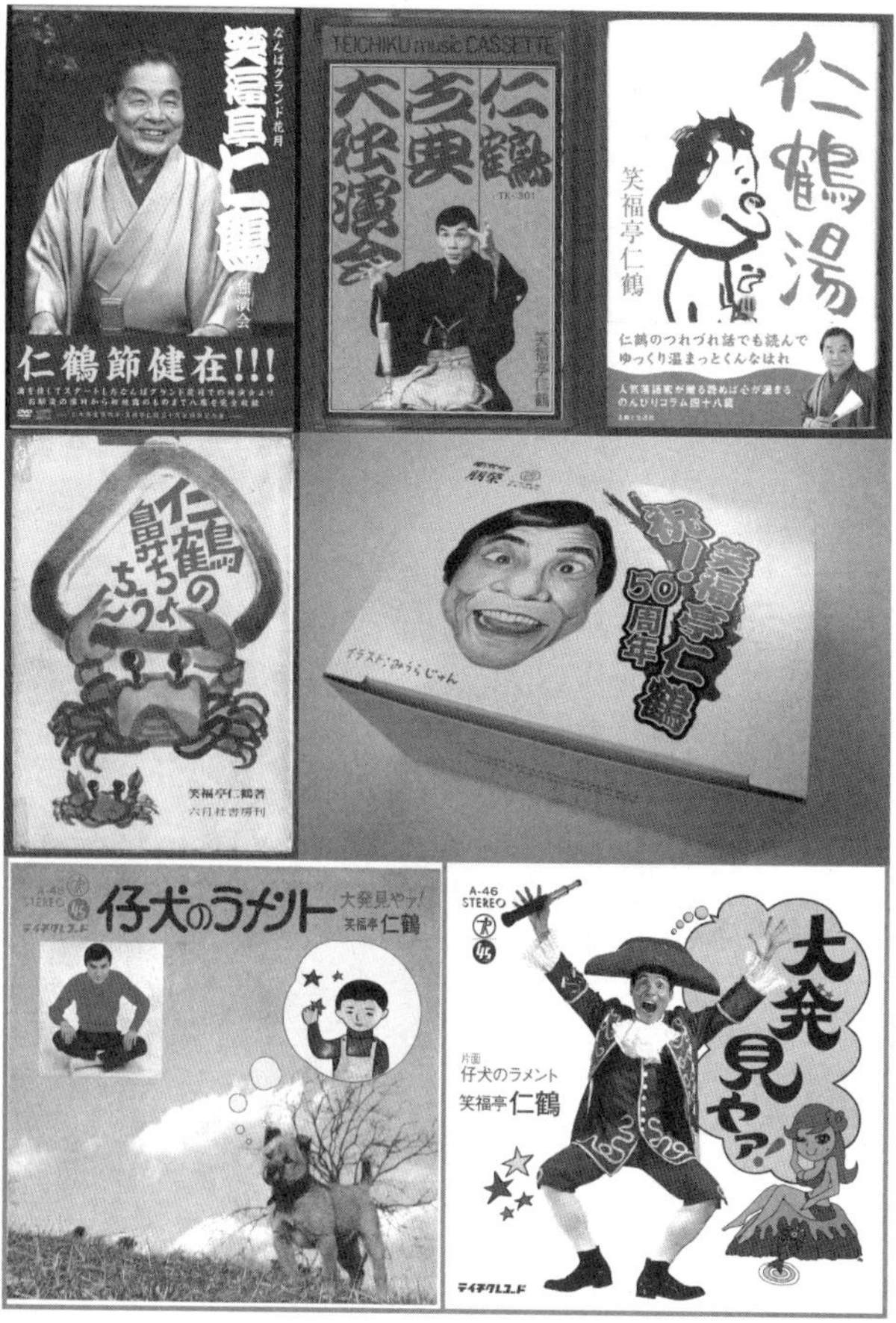
なんばグランド花月
笑福亭仁鶴
独演会
仁鶴節健在!!!
TEICHIKU music CASSETTE
仁鶴
古典
大独演会
TK-301
笑福亭仁鶴
仁鶴湯
笑福亭仁鶴
仁鶴のつれづれ話でも読んで
ゆっくり温まっとくんなはれ
人気落語家が贈る読めば心が温まる
のんびりコラム四十八篇
笑福亭仁鶴著
六月社書房刊
祝！笑福亭仁鶴
50周年
イラスト：みうらじゅん
A-46
STEREO
仔犬のラメント
大発見やァ！
笑福亭 仁鶴
テイチクレコード
A-46
STEREO
大発見やァ！
片面
仔犬のラメント
笑福亭 仁鶴
テイチクレコード

テレビの『ヤングおー！おー！』で仁鶴さんの人気は関西のみならず全国区になるのだが、その間に『どんなんかなァ／おばちゃんのブルース』『大発見やァ！／仔犬のラメント』など歌手として数々のレコードを発表され、その哀愁のある歌声にも僕はシビれまくった。

『仁鶴　古典大独演会』というカセットを手に入れたのもその頃で、これが僕の人生で初めての落語との出会い。もはや仁鶴さん人気の凄さはビートルズ並みで、登場されるなり黄色い歓声で落語の枕が聞き取れないといった状況が生々しく伝わってくる。

客は早く仁鶴さんの一連のギャグが聞きたくて仕方ないのだけど、ようやく静かになった高座で『初天神』が始まった時、仁鶴さんは当時のアイドル的人気に溺れることなく本格落語をされていたんだなと感心したもんだ。ラジカセに繋いだイヤホンを耳に、布団の中、一人でニヤニヤ笑うそんな青春。何度も繰り返し聞いたもので、テープは伸びて仁鶴さんのダミ声がお経みたいになっちゃった。今でもたまに「ときに植木屋はん」と、一人落語会を開くことがあって、仁鶴さんバージョンの『青菜』は僕のオハコである。

数年前、吉本から頼まれ描いた仁鶴さんのイラストが商品パッケージに使われたことがあり、仁鶴さん御本人からお礼のハガキを頂いた。かつて深夜ラジオにハガキを出していたファンとしてはもう、うれしかるかる！　なのである。

マイ遺品 30

ワッフル

〝土砂崩れ防止用壁〟を僕はこう呼んでいる。

〝格子状のコンクリートで出来た土砂崩れ防止用壁〟の正式名称が分からないので、僕はある時期から『ワッフル』と呼んでいる。

主に山間部、トンネルの出入り口上にもよく見かけることがあって、僕は移動中の自動車の中でも、

「出たぁ！　ワッフル！」

と、言うことにしている。それは僕が運転免許を持っていないからであり、運転手が友人の場合、どこかで車を止めてもらい、そのワッフルを撮影したいという要望の表明である。

「アレ、ほら、洋菓子のワッフルに似てると思わん？」

今は無理でも次のワッフルを見つけたら止めてもらいたい僕がやんわり聞くと、

「思ったことないよ、そんなの」

と、友人の温かい返答は得られなかった。その間にも数個のワッフルが現れては通り過

ぎていく。国道ではすぐに停車出来ないことくらいは僕だって分かっているが、せめて少しスピードを落としてくれさえすれば車内からでも撮影出来る。

　山の斜面の一部、機能性だけを考えれば平らに貼り付ければいいのだが、凸凹《でこぼこ》斜面の表情を見事に活かしたメイプル・シロップをかけたくなるようなワッフルだってある。それを遠くに目撃した時は、フロントガラスに思いっきり顔を張り付け、

「出たぁ！　凹凸ワッフル！」

と、アピールを強める。

とうとう根負けしたのか側道の狭い駐車スペースに止めてくれた。

「すぐ戻ってきてよ」

「かたじけないっ！」

車から降りて見上げるワッフル。装着されてからかなりの年月が経つとみえ、表面にはうっすら苔が生えているではないか。

「青のり添加の和洋ワッフルかぁ」

しばし感慨に耽《ふけ》り撮影していると「もう、いいだろ」と背後から友人の急《せ》かす声。

今までにも何度か運転免許があればなぁと思ったことがあるが、ワッフルに関しては格別だ。ちなみに本当のワッフルの方は、わざわざ買って食べるほど好きじゃない。でも、街でベルギーワッフルの店の看板を見つけると、今は撮影だけは怠らない。

マイ遺品 31

光仏

暗闇で光る仏様のお姿。仏像展の定番グッズに。

〝そこに空《あ》きはないかな?〟

と、いつも僕は考えている。

それはこんな仕事を始める前からずっと。ま、こんな仕事というのもうまく説明出来ないんだけど、ま、要するに空きアイデア屋というか。

だから、かつてないアイデアじゃないと困るんだ。しかも僕は自由業なので、世間的立場はほとんどなくて、何か新しいアイデアが浮かんだところでそれをどこに持っていけば実現出来るのかも分からない。でも放っておけない。そんな、ないない尽くしの僕にはとりあえず誰もやろうとしない空きを見つけることが先決となる。

仕方ない。たとえそのアイデアが全く生きなそうな現場でも一応、プレゼンし続けることが大切なのだ。当然、相手は「いや、残念ですが今回は無理ですね」と丁重に断ってくるだろうが「じゃ、次の機会には是非お願いします」と、腰の低さだけはキープオンしておく。まわりまわっていつの日か意外なとこから採用通知がくるやもしれん。それまでは

じっと我慢の空きアイデア屋なのである。

話は変わるが、博物館グッズには毎回〝悔しい〟と思い続けてきた。いろんな展覧会に足を運んだがどこも飛び付いて買いたいものはなかった。大概、年配者向けの渋いものばかりで若者が欲しがるようなものは皆無だったから。

そりゃ『鑑真《がんじん》和上《わじょう》展』にポップなグッズなどいらないかもしれないが、そこを何とか渋いものだけじゃなく、気分が高揚するものは出せないものか？　鑑真和上ロック・テイストTシャツなんてどうだ？　などと勝手に思ってた。

そうこうしている内に仏像好きが功を奏して、それ系の展覧会の仕事が舞い込んできた。依頼はトークショーが主だったけど。

僕は〝今がチャンス！〟と、グッズ製作もさせてもらえないかと申し出た。「そんなことまで」、先方は逆に恐縮された様子で、「是非」とおっしゃる。遂に空きアイデア屋の出番である。仏像ロックTはもとよりロータス・クッション（蓮華座《れんげざ》を模した今にも悟れそうなクッション）、仏面の付いたファッショナブル・ループタイなど数々のアイデアが浮かび、正式な展覧会グッズとして発売された。その中の一つが、今や空きアイデア屋の定番になりつつある『光仏《こうぶつ》』。ポインター（指示棒）で照らせばそこに仏像の姿が現れるという優れもの（笑）。これなら停電になった時、仏が闇を解き、安全な場所に誘導して下さるわけで。

どうです？　光仏、一度、照らしてみたくありませんか？

マイ遺品 32

テープカッター

結界を破る達成感。

〃結界〃とは、聖なる領域と俗なる領域を分け、秩序を維持するために区域を限るという意味である。

結界を張る、その逆は結界を破る（切る）。数年前から突如、湧き起こったマイブーム『テープカッター』。展覧会の開催前日、関係者のみ集めた内覧会でのセレモニーとして行われるテープカットの儀式のことである。

初めは東京・上野の東京国立博物館（東博）で催された『国宝　阿修羅展』（２００９年）で、阿修羅ファンクラブの会長に任命された僕は、その結界を切らせて頂いた。

それまで意識したこともなかったが、赤い毛氈《もうせん》が敷かれた盆に載せられ運ばれてくる金色に輝くハサミは通常のものより刃先がかなり長く、どうやらテープカットのためだけに作られたものらしい。紅白のリボンが巻かれお目出たいことこの上ないハサミである。

当然、僕は横並びになったお偉いさんの中で浮いていた。ま、いい歳こいて未だロン毛サングラス男はどんな場でも浮くのだが、博物館なら尚更である。集った人の中からは笑

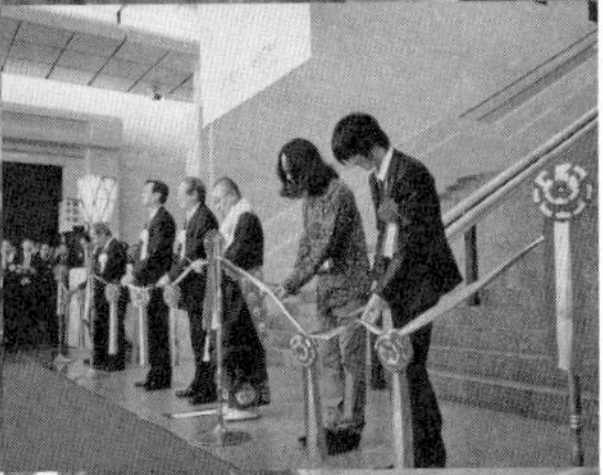

い声も起きた。

でも、切り終え、牡丹《ぼたん》の花のような編み込みテープの一部分を持って控室に戻る時、何か大きなことをやり遂げたような満足感があった。そうだ！　これからはテープカッターとして生きていこう。そんな職業はたぶんないんだけど、そう思った。それにはまず、展覧会の主催者と懇意になりオファーを受ける立場にならねばならない。

ドリーム・カム・トゥルー！　遂に仏像展グッズ製作の依頼が来た時、僕はすかさず「テープカットもさせてもらえませんか？」と、図々しくも申し出た。

『国宝　興福寺仏頭展』（2013年）からは仏友《ぶつゆう》の作家、いとうせいこう氏も参加、ここに『ザ・テープカッターズ』が誕生したのである。

「と、なると自前のテープカッターも欲しいよね」と、二人はネット通販で例の金色のハサミを買った。「さらに白手袋も用意しよう、自ら紅白テープも持っていれば友人の誕生日会でも切れるね」などと言い合いながら。

『九州仏』（2014年）に呼ばれ福岡に飛んだ時、危険物と見なされたハサミは厳重に包まれ、荷物引き取り場では長い間待たされた。あれから地方でも何度かカットしてきたが、今でも自前故の悩みを『ザ・テープカッターズ』は解決していない。

マイ遺品 33

UFOキャッチャーのヌイグルミ

湯水の如く金をつぎ込む作戦でゲーセン・ヒーローに。

そもそも集める気などなかったが結果的に集めてると言われても仕方ないほど集まってしまったモノ、それも収集癖の為せる業なのかいささか疑問である。

それでも街に出るとつい、足がゲームセンターの方へ向き、気が付くと1000円札を両替機に差し込み、握り締めた100円硬貨を一つ、また一つとUFOキャッチャーのコイン投入口に落とし〝なるほどな、ここは右の爪でヌイグルミのサイドを引っかけるべきか〟などと、時には声まで出してプレイしてる自分。還暦を迎えた男にとってその現場は確実に浮いているが、そんなこと全く気にもしていないほど夢中なのだ。

飲み屋の帰り、ジャッキー・チェンの『酔拳』ならぬ酔キャッチャーでその腕をギャラリーに披露した時は、ハムスターやウサギ、柴犬やぐでたま、ありとあらゆるファンシーキャラをゲットしていくその雄姿にギャラリーから拍手が沸き起こったこともある。また、ある時は、なかなか獲れなくて難儀してる親子連れを見れば近寄って、「これ、どうぞ」と、ヌイグルミを差し出すちょっとしたゲーセン・ヒーローでもあった。

こんなに上達したのには理由《わけ》があって、かつては500円でやめてたところを1000円、さらには3000円と、獲れるまで湯水の如く金をつぎ込むネバーギブアップ作戦に切り替えたからだ。

〝ボトン〟と、ようやく落ちたヌイグルミを手に〝こりゃ買っても500円はしないな〟などとケチ臭く値踏みをしなくなったことも大きいと思う。

だけど、こんなファンシーなもの、部屋のどこに置けばいいのか？　1個2個ならまだしも大量になってくるとそれなりの言い訳が必要となる。「子供が欲しがったから」が一番いいのだが、子供とて好き嫌いがある。「これはいらない」と、たとえ拒否されても、獲れそうな位置にあるものは、落とさなければ気が済まぬのが玉に瑕《きず》。

結局、それはヌイグルミ欲しさなんかじゃなくて〝今夜こそ、おまえをおとしてみせるぅー♬〟という世良公則&ツイスト的衝動だけなのであって、集まっちまった悲しみに僕は今、ヌイグルミを布団の脇に勢揃いさせ、まるで釈迦涅槃図《しゃかねはんず》のような状態で寝ている。

マイ遺品 34

フリーホイーリン・ボブ・ディラン

集めることが〝大好き〟の証明だと信じ込もうとしてた。

ディラン本人はこんなにたくさん〝同じ〟レコードを持っていらっしゃるのか？　冷静になって考えると、この疑問にブチ当たる。御本人も持っていらっしゃらない品を、しかもこんなにたくさん集めることに何の意味があるというのだろうか？

そもそもコレクターとは何のために存在するのか？　疑い始めるとキリがない。それでも余り知られていない〝珍品〟であれば同志には自慢が出来るだろうし、レコードの場合、聞く価値もある。しかし、どう聞こうと同じ音源、同じジャケット写真となると人は〝何のために集めているのか？〟という当然の疑問が湧いてきて、最終的に〝金の使い道を間違えてんじゃないか〟と、自分を責めることになる。

ボブ・ディランがノーベル賞を受賞した。実は数年も前から噂されていたことだが、とうとうそれが現実となって、これまで全くディランの音楽に興味がなかった人の口からもその名が頻繁に出るようになった。

「〝風に吹かれて〟だろ」って言うけど、その曲が吹き込まれたアルバム『フリーホイー

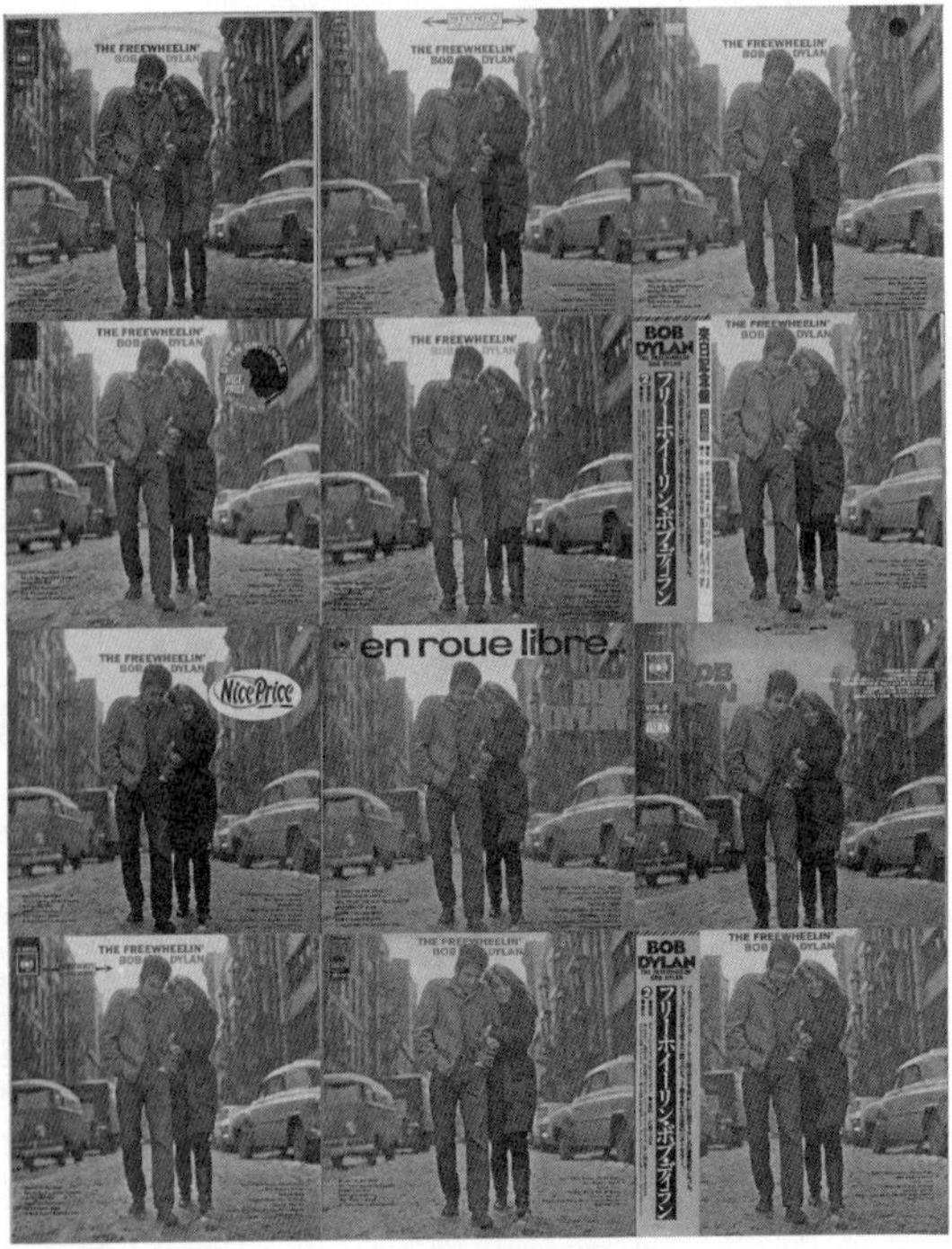

リン・ボブ・ディラン』が出たのは1963年、ディランが22歳の時だった。

現在、オリジナルアルバムは38枚（編集部注・執筆時は2018年）。ライブ盤やベスト盤、海賊盤を含めるとそれだけでクラクラする枚数が出回ってるのだが、僕はある時、コレクターの師から「各国盤はどうされてますか？　それに再プレス盤の方は？」と、禅問答のようなことを聞かれた。確かに日本盤のみならず各国でアルバムは出ているだろうし、売り切れれば再プレスはかけられる。でも、「同じですよね？　内容は」と、今思えば愚問を返して師から「品番が違うレコードは同じじゃないですね」と、あっさり諭された。

それからというもの自分を洗脳し〝これは似ていても違うんだ〟と日本各地、ある時は海外まで出向き〝同じレコード〟（いや、違う！）を買い漁ってきた。中にはマスタリング（音調調整）が違う音源もあるって聞くけど僕の鈍感な耳には分かりゃしない。そこが評論家の方とは大きく違うところ。〝おっ！　ジャケ写のレイアウトがちょっと違うぞ！〟〝何と！　フランス語でタイトルが入ってるじゃないか！　やった!!　やった!!〟

苦行の途中、それでもどうにか喜びを見出そうと必死になる僕にディランの声が聞こえてきた。「そんなの集めて、お前、どんな気がする？」って。

気が遠くなるような品番違いにまだ手を出せずにいた僕は、たくさん集めることが〝大好き〟の証明だと信じ込もうとしてた。当のディランはきっとこんなにたくさん〝同じ〟『フリーホイーリン』のレコードを持っていらっしゃらないに違いないから。

マイ遺品 35

みうらじゅん賞

いつの日か僕本人が貰えることを信じて……。

1994年、『みうらじゅん賞』は設立された。と、他人事のように言ってるけど、本来なら僕のような立場の者は、いつか何らかの賞を頂けるため仕事に精を出すのが筋なのだが、そこをスッ飛ばして一気に賞を与える側に回るという卑怯な手口にその年から出たのである。

日本では賞というと芥川賞と直木賞が有名だが、一体どれだけの人が直木三十五の小説を知っているのか？　僕の友人は「めっちゃ有名やんけ！『暗夜行路』やろ」と、得意げに言ったけど、それは志賀直哉の間違い。いずれ、みうらじゅん賞もそんなふうに大きく誤解され、僕が亡くなった後も引き継がれることを期待している。

始めて20年以上、途中、発表の場を失い5年間のブランクがあったのだが、それは〝戦争のため〟ということにしてある。

たぶん、国民のほとんどが知らない賞だからそれもいいだろうが、問題なのは一体、どうやって受賞者が毎年選ばれているのかということだ（歴代受賞者に関してはウィキペディアを見て頂きたい)。

その年々で〝この方には大変お世話になった〟とか、〝とても影響を受けた〟とか、〝最高に笑った〟とか、〝このキープオンぶりは本当、感心する〟とか、あくまで僕個人の意見、感想が重要視されノミネートが決定するのである。そのジャンルは人物、映画、行事(例えば第9回の〝二本松の菊人形〟や、第18回の〝平田一式飾〟など)、風景(例えば第5回の〝ヤセの断崖〟や、第10回の〝入水《いりみず》鍾乳洞〟など)と、ありとあらゆるものが対象と

なる。

だから、よほど僕に関心がある人以外は予想不可能であろうと思う。その年を代表してるとか、象徴してるとかも関係ないので特に知っておかなきゃならない賞ではない。

19回目にして、何と、あのボブ・ディランさんもノーベル賞とみうらじゅん賞を同時受賞されるなんてことに。

受賞者には〝金のカエル像〟を贈らせて頂いてるのだが、中には諸事情で手元に届いてない方もおられると聞く。さらに残念なことに御本人はまだ、そんな賞を獲ったことすらお気付きになっていない場合もありうる。そのスリリングさもこの賞の魅力の一つなのである。

さぁ、来年はどなたが受賞されるでしょう？　いつの日か僕本人が貰えることを信じて日々精進していく所存です。

マイ遺品 36

雲の写真

写真店で見せられる1枚目を無難なものにするために。

今は昔。「これでよろしいでしょうか?」と、DPE（写真の現像プリント店）の店員に聞かれた時、毎回、後ろめたい気持ちになったものだ。

それは単に本人のものであるか否かの確認なのに、僕の耳には〝こんなもの現像しちゃっていいのですか?〟に聞こえてきたからだ。「は、はい、それで」と、早口になって一刻も早く店を出たくなったのは僕の場合、そのほとんどがバカみたいな写真だったから。

バカな写真と言っても何も現像をはばかる痴態写真の類ではない。僕が勝手に〝ネタ〟と呼び、20年にもわたり催している『ザ・スライドショー』というイベントで、大勢の観客の前で大写ししては笑いを取ろうと必死で撮り溜めている写真のことなのだ。

例えば日本各地の天狗が由縁《ゆえん》の寺や神社で撮った天狗面の鼻だけアップのものや、バカな願いが書かれている絵馬。街の銅像と自分が絡んでのセルフタイマー写真。その形状があまりにチンなため〝確珍犯《かくちんはん》〟と命名した車止めのポール。集め抜いた〝いやげ物〟（欲しくない土産物）の物撮り写真など。「これはバカだと分かった上で撮ってるものなので」

と、説明したこともないので、受け渡す店員からしたら僕は完全なるDPE不審人物だろうと思う。

大概は一番上の写真だけ（フィルムでいうと最初に撮影したもの）をレジのところで見せられるが、よく考えると店員はプリントもしてる場合もあって〝また、こいつバカな写真を大量に撮ってやがる〟と既に気付いていることがある。

僕としてはとりあえず「これでよろしいでしょうか?」と出される写真が無難なものであればその場は恥をかかずに済む。だから、ある時から、シャッターを切る1枚目のモチーフを〝雲〟にしたのだ。

空を見上げ、雲に思いを馳《は》せ、つい撮影してしまった人物を誰が笑うだろう。〝雲は二度と同じ形では現れない〟——そんな諸行無常感だって漂う。

今では何でもデジタル化。わざわざDPEに出すことはなくなったけど、フィルムの時代につけた1枚目の雲の癖が直らず、雲写真だけのアルバムが何冊にもなり本棚を占領してるが、見返すことは全くない。

マイ遺品 37

よしだたくろう

僕の髪の毛は『伽草子』時代の拓郎さんの長さなのだ。

'70年代、僕の青春は『よしだたくろう』を中心に回ってた。

深夜ラジオで聞いた『イメージの詩《うた》』で開眼して以来、レコードは元より拓郎さんが書いたエッセイ本をバイブルのように何度も何度も読んだ。当然、ギターが欲しくなり、ハーモニカホルダーを首からブラ下げ、歌うでもなく近所を意味なくブラついたりもした。

〝F〟のコード（人差し指で弦を全部押さえなきゃなんないやつ）がなかなか出来なくて断念しそうになったけど、頭上45度くらいの角度から〝そんなことでは拓郎には成れないぞ〟と、誰かに囁かれ（って、自分なんだけど）どうにかこうにか弾けるようになった。

クラスメイトの中には拓郎さんの曲を完コピで弾ける奴もいて、テクのない僕はとても悔しかったが、拓郎さんがそうだったようにオリジナル曲を作ることが大切だと、毎日4曲なんてノルマを自分に課して、せっせと作詞・作曲に励んでいた。

「おいらの心はぁー風に揺れぇー♬」

元来、僕には〝おいら〟なんてセンスはなかったがそこは拓郎風人格で対処した。

春休みを利用し、雪の降る金沢へ。それを「家出旅」と演出したのも、拓郎さんに成るためのイメトレの一環であり、1泊で帰ったのに「辛い旅を続けてるのさ♬」と、オリジ

ナル曲の歌詞に盛り込んだのも言うまでもない。しかし、どうしてもマネることが出来なかったことがあった。それはヘアスタイル。
　僕は中・高と仏教系の学校に通っていたため、当然

長髪は禁止。それでも耳にかかるくらいは伸ばし学祭のステージに立ったが、いまいちグッとはこない。僕の理想は拓郎さんのレコード『伽草子《おとぎぞうし》』のジャケ写くらいの長さだったから。

その後ロックにかぶれ、卒業後、思い余っての大ロン毛で上京したのはいいけれど、世間はテクノブーム。短く刈ったヘアスタイルが主流となっていった。仕事欲しさについ髪を切ってしまった時、後ろめたかったのは、結局拓郎さんをマネしきれなかった自分に対して。

そして、僕の髪がまた肩まで伸びてぇー、に戻ったのは30代中盤。それからずっと『伽草子』ヘアが還暦過ぎても続いてるわけで。ああ、いくつになっても拓郎ノイローゼは完治せず。

それに僕のペンネームが平仮名なのも、一時期〝よしだたくろう〟と記されていたことの影響だから。

マイ遺品 38

変軸

掛け軸の体裁は取っているものの誰も掛けたがらない変な軸。

『変軸』、それは掛け軸の体裁は取っているものの決して誰も床の間に掛けたがらない変な軸のことを言う。

だったら何も掛け軸にしなきゃいいじゃないかと極《ご》マットーな意見も出て然《しか》るべきだが、そこはスーベニアン、「そこがいいんじゃない！」と、あえて賞賛する所存である。

旅は日常からの脱却であり、ある程度の〝魔がさした〟状況は旅を一段と楽しくする。

修学旅行を思い出して欲しい。生まれて初めて親から離れての団体旅行。男女共学であれば〝オレ、絶対、大仏の前であのコに告《こく》る！〟などといい調子フルスロットル！　そんなことがない学生も、その地の土産物屋で日頃、気に留めたこともない商品を手に〝これは絶対、いい思い出になる！〟と、ついつい魔がさすものだ。

木刀のように、帰ってからも泥棒避けとかにギリ役立つもの（かといって泥棒に木刀を取り上げられるとさらに危険だけど）はまだしも今回、紹介したい変軸は家で広げた瞬間、「やっちまった！」と声が出るほどの『いやげ物』界きっての一品である。

それでも1、2日はくやしいので勉強机の前の壁に押しピンで軸を止め、何気に鑑賞してみたりはするが、友達が遊びに来た時など、そのセンスの悪さを思いっきり笑われてし

まうのは確実である。だから、仕方なく押し入れ行き。それが変軸の運命である。

不景気が関係してか、そんな浮かれポンチも激減、元々なかった変軸のニーズも明確となり今は絶滅危惧種と呼ぶに相応しい。

変軸ハンターとしてはもはや海外に目を向けるしか手立てはなくなった。実は僕、日本で開催した『タイ展』の〝仏像大使〟に任命され、現地タイの古代遺跡などを視察して回ったのだが、やはり一番気になったのは変軸の掛かりまくった土産物屋の店内。

「ラ、ラッセン！」

思わず声を上げたのは、イルカの絵が描かれた変軸を見つけたから。店員は〝いいでしょ〟とばかり何枚も同じような構図の変軸を出してきては勧めてくるのだけど、このイルカ、変！　でも、そこがいい。

「今度はムエタイかよ！」

基本、変軸の下地は黒なので、その背景には月か夕陽が描かれることになる。

それにしてもこのムエタイ選手、どんな体つきなんだ？　でも、そこがいい。喜び勇んで何本もの変軸を購入、三蔵法師のように持ち帰ったのだが、当然のことながら飾る場所などなく押し入れ行き。でも、そこがいい。

マイ遺品 39

向いてない映画のパンフ

小学生の頃からの癖で、見た映画のパンフはどうしても欲しい。

この修行、もう何年も続けているが、毎月、新作映画のラインアップを見て、〃これは自分には絶対、向いてないな〃と思う映画をわざわざ映画館に見に行くように躾けた。

〃向いてない〃と判断する理由の一つには、今の自分の歳に合わないジャンルということがあげられるだろう。「シルバー料金で見られる」こととはすなわち、「無理せず好きなジャンルの映画だけを見て余生を過ごす」って意味だとすれば、向いてない映画は見る必要はないことになる。でも、それではつまらない。

その修行は自意識過剰との戦いでもあるのだ。

今じゃチケットは自動発券機で買えるが、その向いてない映画のパンフを求める時、必ずや試練が待っている。

「すいません……『チア☆ダン』のパンフ……お願いします……」

一度も発音したことがないそのキラキラタイトルを堂々と言ってのけなければならないからだ。時にはうろ覚えでトンチンカンなタイトルを言ってしまい、若い受付嬢にインカ

TSUBAKI SANJURO
椿三十郎
おかえり、はやぶさ
3D
愛の流刑地
HACHI
NIN NIN
タニタの社員食堂
劇中に登場するメニュー13品のレシピ付き!!
一杯のかけそば
近キョリ恋愛
ラストラブ
蒼き狼
地果て海尽きるまで
次郎長三国志
ゴースト

ムマイクを通して訂正されることもある。

そんな時はもう顔から火が出るくらい恥ずかしくて、上映前の劇場に飛び込んで寝たフリを決める。

『近キョリ恋愛』なんて映画を見に行った時にはまわりがほとんど女子高生で、変質者だと思われてやしないかとそれだけでもヒヤヒヤした。

〝向いてない〟だけあってストーリー展開にはさほど興味が湧かなくて、ヤングなラブシーンについ、〝な、アホな〟と吹き出してしまうこともあり、ますます劇場で浮く。意図通り泣かされたりした時にゃ、まわりの目もあり、上映が終わってもしばらく座ってなければならない。

でも、見た映画はパンフがどうしても欲しい。それは小学生の頃からの癖で、今では相当な冊数になっている。

「すいません……『わさお』のパンフお願いします」

よりにもよってブサ犬映画で泣き腫らした目を販売員に見られたことがあって、それ以来、「見る前に買う！」が、パンフレッターの掟となった。

それにしても〝パンフ〟ってフヌケな響き、どうにかならないものか？

マイ遺品 40

冷マ

冷蔵庫に付ける宣伝マグネットをこう呼ぶことにする。

冷蔵庫にくっつけるマグネット仕様の販促チラシ。これといった名称がないようなので今後、『冷マ』と呼ぶことにする。

冷マは大概、知らぬ内に自宅や事務所のポストに投函されていて、部屋に持ち込む時、その特性であるマグネットに気付き、捨てるのも何だしとつい冷蔵庫の正面または側面に、何気を装いくっつけてしまうのが慣例である。

そして、その多くは水のトラブル（蛇口・トイレ・パイプの水漏れや詰まりを修繕する）業者の広告であり、そんな事態が今後一切起こらないと、無用の冷マということになる。

冷マ自体はこのところ博物館の売店でも見かけるようになった。ちょっとしたブームなのである。それは展示された名画であったり、仏像写真がプリントされたやつで、それなりに値段もするので水まわりのものと違って作りがしっかりしてる。観光地で見かけるものにも女子が喜びそうなファンシーやオシャレが加味された冷マがあって、それを冷蔵庫にくっつけてはインスタグラムか何かに上げているのだろう。

でも、僕はあまりそっちには興味が向かない。やっぱ冷マは水まわりのにグッとくる。
　一時期、やたらテレビCMが流れてたから、僕の中で森末慎二といえば元オリンピック選手というより水まわりの人の印象が強い。青色の作業着とキャップ、ニカッと笑った時の白い歯が脳裏に焼き付いて離れない。今では水まわり冷マのレアカードである。
　その後も水まわりはいい味を出したスターを輩出することになる。松村邦洋&柴田理恵、舞の海、ダンディ坂野、内山信二などである。集め始めて気付いたのだが、どれも会社が違っていて、それぞれのイメージ・キャラクターだったわけだ。

僕はこのところ水まわりの冷マを事務所の冷蔵庫にビッチリ貼りたくて、会う人、会う人に「アレ、うちにありません？　いらないんだったら下さい」と、お願いして回っている。

「縦のものがあと2枚あればビッチリになるんですけどね」などと言って相手をポカンとさせているのだけど、この情熱は久々、恋に落ちた気分。街を歩いていても君のことが気になって、他人の家のポストも覗いてみたくなる。いや、それは犯罪なので、我慢だが、僕はいつうちにやって来るか分からぬ君をただただ待ち続けているのである。

マイ遺品 41

B・B

バースデイ・ブッダ、お釈迦様の誕生日を祝おう。

クリスマスに比べかなり地味なイメージなのが、お釈迦様の誕生日、お花祭りだ。僕は、毎年お花祭りが近づくと、も少し若者が喜びそうなバースデイパーティにならないものかと考えるのだが、これといったいいアイデアは未だ浮かばない。

クリスマスの場合、その前日をイヴと呼び、2日前までイヴイヴなんて呼んで若者たちは当日が来るのを待ち望んでいる。一説によるとクリスマスとは、もみの木祭りのことだと聞くが、若者にとってそんなことはどうでもいい。宗教の枠を大きく逸《そ》れてプレゼントをもらえる日、または恋人たちが楽しく過ごせる一夜と捉えているのであろう。ホテルの予約も何カ月も前から既に埋まってるんでしょ？　そもそも12月25日なんて、本来なら決して覚え易い日じゃないはずなのにさ。

その点、お釈迦様の誕生日とされる4月8日は、48日《シヤカ》、と、すぐに覚えられる。

でも、本当はお釈迦様って名前もシャカ族の王子様だったことを受け、単にそう呼ばれているだけで、本名はゴータマ・シッダールタさん。ルンビニーという花園で母、マーヤ

の右脇からお生まれになったとされている。その直後に七歩歩いて右手で天を指し、左手で地をさして「天上天下唯我独尊」と、おっしゃったというではないか。正に生まれながらの超人のバースデイなのに、何故、若者は盛大に祝わないかね？

そのお姿を模したものを誕生仏という。僕は勝手に『バースデイ・ブッダ』、略して『B・B』と呼んでいるのだけど、主にアジア圏の仏具屋、または骨董店でせっせと購入してきたもの。よく見るとお顔もヘアスタイルもまちまちで腰布のカンジも微妙に違っている。ヘアは仏の場合、螺髪《らほつ》と呼ばれるものが多いが、ベトナムで買ったものは縮れていなくて直毛だ。その土地土地のB・Bがあるので、集めていてとても楽しい。

誕生日にはこのB・B像に甘茶を頭からかける儀式があるのだが、その由来は9匹の龍が現れ、甘露の雨を注がせたというもの。うーん、やっぱり若者受けしそうにないな？　きっとお釈迦様はそれでもいいと地上から遠く離れたトソツ天で思っておられるだろうが、どうです？　B・B像をパーティグッズショップに卸して、楽しげな雰囲気の写真をインスタにあげてみるなんて、流行りませんかね？

マイ遺品 42

冷マ　パート2

驚愕すべき数にクラクラ。大型冷蔵庫を買わないと！

〈冷蔵庫にくっつけるマグネット仕様の販促チラシ。これといった名称がないようなので今後、『冷マ』と呼ぶことにする〉と、宣言してから2カ月経ったが、その間に東京都内はもとより他県の皆様からも驚愕《きょうがく》すべき数の『冷マ』が送られてきて今、うちの事務所はその整理に追われている真っ最中なのである。

そもそも自力で収集するには限界があると早い段階で気付いていたので、会う人会う人に「いらないいんだったら下さい」とコツコツ〝冷マ懇願〟をしたのが、ことの始まりだった。

「確か、あったように思います」と先方がおっしゃるたび、「今度、お会いした時には是非！」と、よその家の冷蔵庫事情に土足で踏み入るようなことを言っては頭を下げてきた。

しかし、人の関心はもはや冷マ自体にはなく「そんなもの集めてどうするんですか？」と聞かれるばかり。当然である。

かつて一度、水のトラブルに見舞われ〝そうだ！　こんな時には……〟と、冷マに記さ

れた電話番号に救われたことがあったが、それ以来トラブルは一切ない。集め出して初めて「水まわり」だけでも何社もこの世には存在するという事実を知り、驚いた。
先日は自宅でお願いしているゴキブリ駆除会社の方から「ラジオで聞きましたよ。集めてられるって。うちでも作ってんですよコレ」と言って冷マをプレゼントされ、世間知らず（いや、冷マ界の深さ知らず）に己を恥じた次第である。

「外国のものも来てますよ」

月に1回レギュラーゲストを務めているラジオ局で募集をかけたところ、届いた山積みの冷マ。確かにリスナーはエアメールで海外の冷マを送って下さってる。「ダンディ坂野バージョンって5種類もありますね」などと知らなくてもいいことがどんどん分かってきて、僕はしばし局のスタジオで舞い上がった。

宝探しみたいに掘っていくと、初見の長嶋一茂や池谷幸雄バージョンなんてのもある。

「でも、みうらさん、こんなに沢山、どうするんですか?」

最終的に聞かれることは同じだ。

用意してもらった紙袋2つに冷マをギッチリ詰め込み、強力な磁力に頭をクラクラさせながら、スタジオを後にしたのだが、コレが全て大型冷蔵庫4台に収まり、川崎市市民ミュージアムで開催された『みうらじゅんフェス! マイブームの全貌展』で展示。「もはやアート」というお声をたくさん頂き、少し戸惑った。

マイ遺品 43

〝アンクリア〟ファイル

中身が見えないのにクリア・ファイルと呼ぶなんて……。

「国政を透明化しー」と、小池百合子都知事がおっしゃった時、不覚にも僕の頭をかすめたものは〝クリア・ファイル〟だった。

【クリア】明らかなさま。澄みきったさま（『大辞林』より）が「透明化」と一致したからに違いないが、昨今のクリア・ファイルも国政と同じく不透明な代物が多くなっていることを僕は声を大にして問いたいわけだ。

そもそもこの日本にクリア・ファイルが誕生したのは、忘れもしない僕がまだ美大生の頃であった。と、いうことは今から40年近く前の話。確か、銀座の文具店「伊東屋」でその存在を知り、〝遂にこんな便利な代物が発売されたのか！〟と、思わず2枚買った記憶がある。当時の値段は覚えてないが、今のようにアイドル雑誌に易々《やすやす》と同封される安価なものでなかったことは確かである。

僕はそれを得意気にクラスメイトに見せ、「こんなに資料整理に役立つものはない」と力説した。

その頃、漫画家を目指していた僕は雑誌から切り抜いた人物、風景、車、機械類など写真資料を見ながら背景を描くことが多かった。しかし、それも膨大な量となり、いざ利用したいと思ってもなかなか捜し出せなくなった。

そんな時、透明で中身がハッキリ見えるファイルは革命的な代物で、表にマジックで〝人物〟や〝風景〟などと記し、整理して机の上に並べておけばいい。

〝これなら彼女も喜ぶはずだ〟

そんなクリア・フ

ァイラー（愛好家）の大きな勘違いは、事もあろうに当時つき合ってた彼女の誕生日に、良かれと思ってクリア・ファイルをプレゼントしたことだった。

「こんなもの、いらない！」

その時点ではまだ、彼女がクリア・ファイルの真の便利さを知らなくて言ったに違いないと思い、また熱く語ったのだが、どうやらそれも彼女の気持ちを逆撫でしたようで機嫌は何日も直らなかった。

ま、そんな話はどうでもいい。今、僕が言いたいのは、中身も見えないのにどうして〝クリア〟と呼ぶかだ。ファイルの表、裏まで全面に写真やイラストを印刷した代物が横行する現代に於《お》いて、それらの名称を〝アンクリア〟とし、従来のクリア・ファイルと分けて呼ぶべきではないかと考える次第なのである。

マイ遺品44

ナナフシ・マップ

地図に擬態して街中に生息しているナナフシに要注意！

今はソレのことを勝手に『ナナフシ』、または『ナナフシ・マップ』と呼んでいるのであるが、いつの時代に誕生し、いかなる目的で道路の端が水商売の名刺の如く、角が取れてしまったかは定かでない。

ナナフシ・マップを説明する前に、そもそもナナフシとは何かについて言及する必要がある。「ナナフシ」の語源は〝七節〟と表記し、七つの体節を持つ生物とされるが、実際には正しく七つあるわけではない。

「七」は単に多いという意味であり、ナナフシは節足動物門昆虫綱ナナフシ目に属する昆虫の総称。木の枝に擬態《ぎたい》した姿が特徴的である。

よって、今回紹介する『ナナフシ・マップ』はそれがさらにマップ（地図）に擬態し、街の壁や駅の待ち合い椅子の背もたれ部分に付着、何食わぬ顔で生息しているということになる。

多くはホーロー看板と呼ばれる主として光沢のある塗装ないし印刷で仕上げられた金属

製の看板に姿を現し、店舗や病院への道程を示しているのではあるが、通常のマップとの大きな違いは極端なまでに簡略化した〝プリティさ〟とでも言おうか。

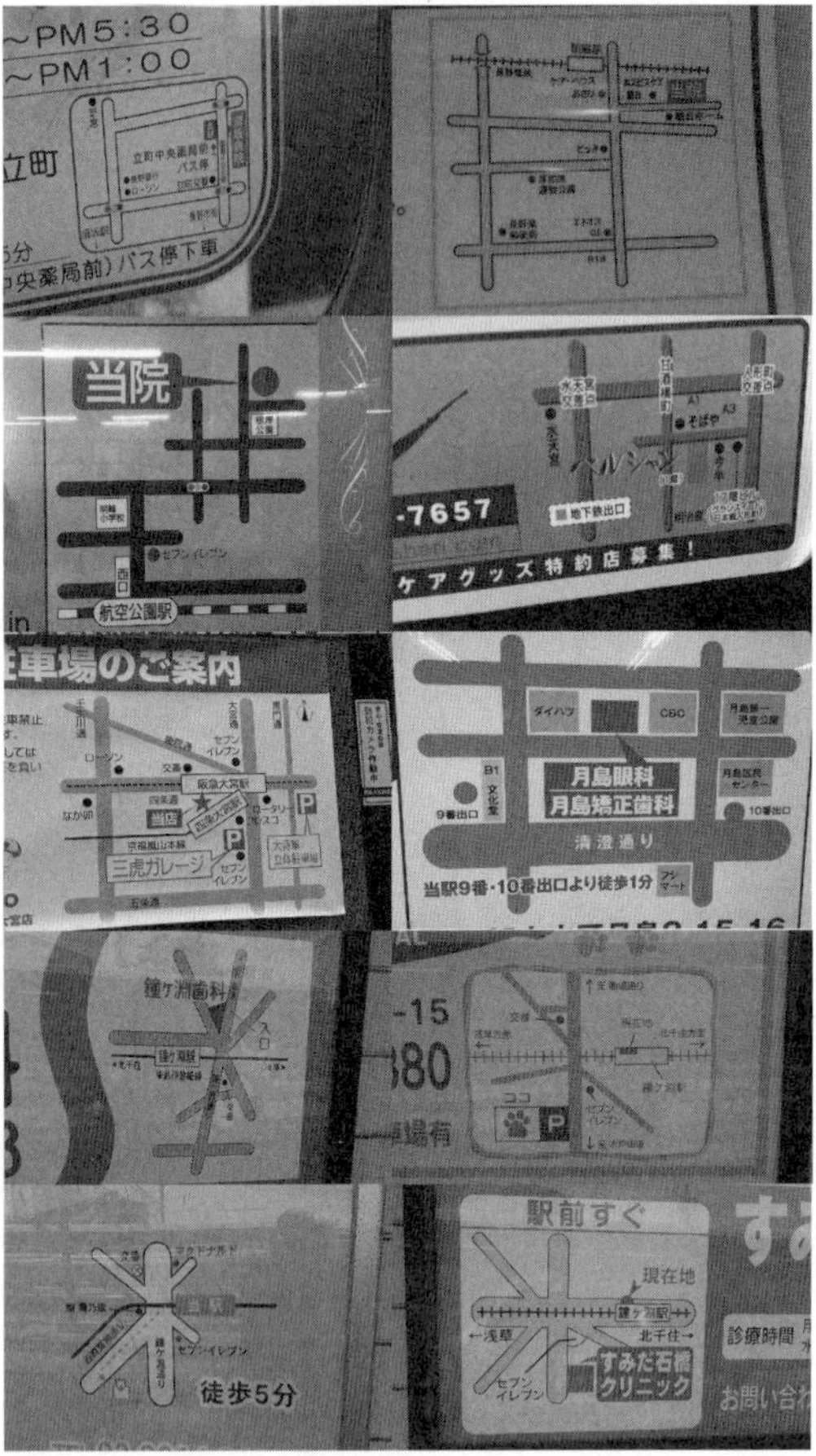

特に医療機関の場合、子供が行くことをグズり、親もその説得に長い時間を要する場合があるので、「ほら、この地図見てごらん」と、駅前に貼られたナナフシ・マップを見せ、気持ちを和ませる効果が考えられる。

まず、目に飛び込んでくるのはその太く描かれたナナフシの本体に当たる主要道路。まるで大通りのフリをしているが、実際に行ってみると単なる細い街道だったりする。

そこから右左にナナフシの由縁である節が何本か延び、そのどこかに目的地の赤い表示が書かれているわけだ。

その節の先端がやたら丸まっているナナフシ・マップの特徴は何もそこで道が途切れていたり、マラソンの折り返し地点があるわけではない。道はまだ、人生のように続いているのだけれど今日はここまで行けば十分という安心感と、冒頭で述べた水商売の角の取れた名刺の醸《かも》し出す〝そこに行けば何か、楽しいことが起こるかも〟という期待感を子供心に植え付けるためであると、私は睨《にら》んでいる。

それでも街でナナフシ・マップに出くわすチャンスは四つ葉のクローバーのように少ない。まだ、研究を始めて間もないが、東急田園都市線、または東急東横線沿線によく出るというのが私の持論である。

マイ遺品 45

打ち出の小槌

小槌のことばかり考えていたらドライヤーも小槌に見えてきた。

旅の目的のほとんどは土産物屋。そこで物色してはあーだこーだと考察するのが僕の癖。だから同行者はいつも「そんなの帰りに買えばいいでしょ」と、子供を叱るみたいに言うんだけど、帰りじゃ気が変わっちゃってる場合があるので、とりあえず品を摑んではレジに急ぐ。だから旅の始めだというのに大概、僕の両手は塞がっている。

時には買い逃した品について家に帰ってもまだグジグジ思ってることがあって、仕方なくそれ目的のためだけに再訪する。〝まだ、あればいいのだが……〟そんな心配は今回の品にはいらなかった。

長野県の善光寺、その参道の土産物屋は3年前と全くレイアウトを変えることなく店先に打ち出の小槌（金メッキのプラスチック製）をブラ下げていた。嬉しくて手を出すと小槌の下に付いている鈴が鳴って店のおばさんが飛んで来た。「それは貯金箱にもなっていて便利ですよ」と言われ、よく見ると俵形のところにお金を入れるスリットがある。

「そもそも打ち出の小槌って、振れば中から財宝がザックザック出るんじゃなかったでしたっけ?」。冗談で聞くとおばさんは真顔になって「そんなのお伽話ですよ」と、子供を諭すように言った。でも、そこにグッときてわざわざ買い直しに来たのである。

誰でも知ってるお伽話『一寸法師』では、鬼が落としていった打ち出の小槌を振って自分の体を大きくし娘と結婚したばかりか、ご飯と金銀財宝も打ち出したというではないか。また、七福神の一人、大黒天は手に打ち出の小槌を持つことで有名。その槌の両側には大小3つの輪がデザインされており、仏の持つ宝珠《ほうじゅ》を模したものと考えていい。そもそもヒンズー教の神であったマハーカーラが、仏教に取り込まれて大黒天になり、それが日本に渡り大国主命《おおくにぬしのみこと》と神仏習合し現在の姿となった……などと、その500円の打ち出の小槌を入手して独り、考察していたのだが、その日以来、僕の頭は打ち出のことでいっぱいとなった。

量販店に行っても気になるのはドライヤーコーナー。特に最近出たダイソンのドライヤーは塗装を金色にさえすれば、打ち出の小槌そのものである。思わず手に取って大黒天ポーズを決める僕。不審そうな顔で店員が飛んで来たのは言うまでもない。

カプセルトイにも『打ち出のにゃん小槌』なんていうのが入っていたり、どうやらこれはブームの兆しか？　僕は今、それを「ウッチー」とライトに呼んでいる。

マイ遺品 46

きぼりん

お硬いイメージを変えるため木彫りの新愛称はこれに決定！

ひふみんがOKなら、きぼりんも良かろう。当然、きぼりんとは木彫りの新愛称である。素材自体がお硬いイメージだから、そこはプリティに呼んで購買欲アップを図りたいと思ったわけだ。

購買欲といってもこの場合、世間に向けたものではなく、あくまで自分に向けた〝よし！　買うぞ〟という意欲増進の意。何たってきぼりんは大量生産の品であってもそれなりにするからだ。

一点モノであれば数万円ということも覚悟せねばならない。それでも土産物屋の店内で目が合い（ファースト・コンタクト）、ビビッと琴線に触れ（セカンド・コンタクト）、手に取り（サード・コンタクト）、値札を見て（思案）、それでもレジに運ぶ意志（男気）を持たなくてはならない。それがスーベニアンに課せられた義務、または使命なのだ。

しかし、そんな僕も人の子。常識というものがある。〝こんなものに大金を叩《はた》いていいものか？〟と悩むわけだけど、長年にわたり活動を続けてきた結果、ある境地に達した。

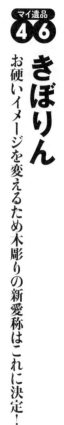

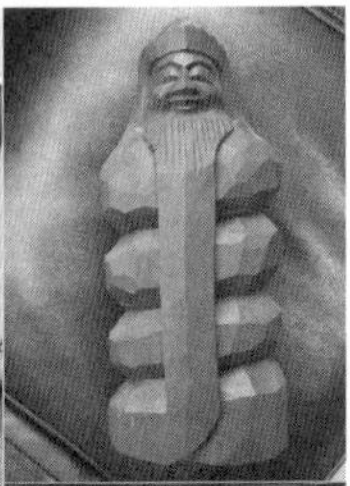

それは値札を極力見ないでレジに走ることである。きぼりんの中にはフォーエバー売れない前提で値札が現存しないものがある。店の主人も「コレは先代、先々代が買いつけてきたものなので値札がもうないんですよね」などと半笑いでおっしゃる時があって、スーベニアンとしてはまたとないチャンスである。

「すごくホコリ被ってますもんね」だとか、「いや、これは誰も買わないですよね」と、値切り活動を実施。出来ることなら先方に「もう、いらないからタダでいいですよ」と言わせてみたい。で、そんなもの、何で欲しがってるのかってことだけど。理由はただ一つ、おかしいからだ。

「ミニーマウス風きぼりん」、「やたらブサイクなビーナスきぼりん」、「プレイの一環のような股のぞききぼりん」などなど、買ってきたのはいいけれど置き場所に困るものばかりなり。

人は歳を取ると木や石に興味が及ぶという。かつてビニールやプラスチックなど人工的な素材を好んだものだが、自然のおかしさには到底勝てないことを知るのである。それはそうとしてもさらに、僕の部屋が狭くなってきた。

マイ遺品 47

クモ越しのクモ

蜘蛛越しに雲の写真を撮ることに夢中。

発見した時のセリフは少し興奮気味に、

「出たっ！　クモ越しのクモ!!」である。

そして、ローアングルからクモ越しにクモをカメラで収める。天気のいい日は逆光になって手前のクモが暗く写ってしまうので、そこはフラッシュで対応する。ピントはクモに合っているのがベストだけど、あまり調子に乗って近付き過ぎると己の顔面にクモの巣がかかってちょっと面倒なことになるので注意されたし……って何の話かよく分からない人のために説明すると、僕がここ数年、夢中になっているのが「蜘蛛越しに雲を撮ること」なのである。

ま、単に蜘蛛と雲の言葉の響きが同じってことにグッときて始めたんだけど、重要なポイントは、その〝越し〟にある。

臨終しようとする信仰者の前に阿弥陀仏と眷属《けんぞく》たちが極楽から迎えに来る場面を描いたものを〝来迎図〟というが、その中にいままさに山を越えようとする光景があり〝山越阿《やまごしあ》弥陀図《みだず》〟と呼ばれている。

要するに仏とは光。一隅を照らすものなり。全てはこの恩恵の下、人は生かされてる。いや、そんな大切なことに気付いて始めたものじゃないのだけれど……。

九州の佐賀県にトークショーで呼ばれた時、肥前佐賀藩主を務めた鍋島氏の墓が会場の近くにあることを知らされ、「行きたい行きたい！」とイベンターをせっつき連れてってもらった。僕は昔から〝怪猫モノ〟に目がなくって、せっせとそれに関する映画のビデオやDVDを集めてきたんだけど、その起因となったお家騒動、すなわち化け猫騒動とは

「鍋島家」のことだったからである。

しかも、その墓地には鍋島氏が揉めた相手、龍造寺氏の墓も並んで立っているとのこと。冷たい北風が吹き渡る荒れた墓地で僕はしばし、その複雑な事情を思い、墓石に手を合わせた。

その時、どんよりした雲の切れ間から光が差し込んだ。まるで阿弥陀来迎図のように。手前の木々を退けその光景をカメラに収めようとした瞬間、そこに張られたでっかい蜘蛛の巣が顔面にべったりくっつき、その中央にいた蜘蛛と目が合った（気がした）。

僕はその時、初めて蜘蛛越しに雲を見上げるかっこうになった。〃いい！〃。とてもいい構図にシャッターを切ったのだがその墓地、至るところに蜘蛛の巣あり。イベンターの「もう時間がありませんから戻りましょう」を聞きながら撮った、撮った、撮りまくった。

その日以来、僕は化け猫に取り憑かれたみたいに、クモ越しのクモを見つけては狂喜乱舞。そんで、頼まれもしてないクモ越しのクモの絵まで描くに至った。

マイ遺品 48

SNDグッズ

鍾乳洞のお土産を遂にゲット!

スーベニアンにとって、最もキツイ現場はノースーベニールな現場である。

それでもまだ、土産物屋はあるのにそれに関するグッズが存在してない場合、地元でとれたシイタケや桜エビといった、いわゆる乾物の入ったビニール袋にそれを撮った写真のシールでも貼ってないものかと必死で捜すわけだけど、辺り一面ぐるっと見渡しても全く土産物屋自体が見当たらない時なんぞは、スーベニアン、ガクッと肩を落とし「おい!何のためにはるばるやって来たと思ってんだよ!」などと、大人げない発言をすることがある。

「まだ入洞していないんだし、この先とんでもなく面白い現場が見られるかもしれないんだぞ」。同行者に励まされたって、グッズがないんじゃスーベニアンの意味がない。

「ほら、この看板にはAコース・Bコース・Cコースと、洞内の行き先が違うと書かれてある。どうする?　面白そうじゃないか」

「だって……」。先ほどから僕が躊躇しているのは目の前に見えるポカンと開いた穴に入

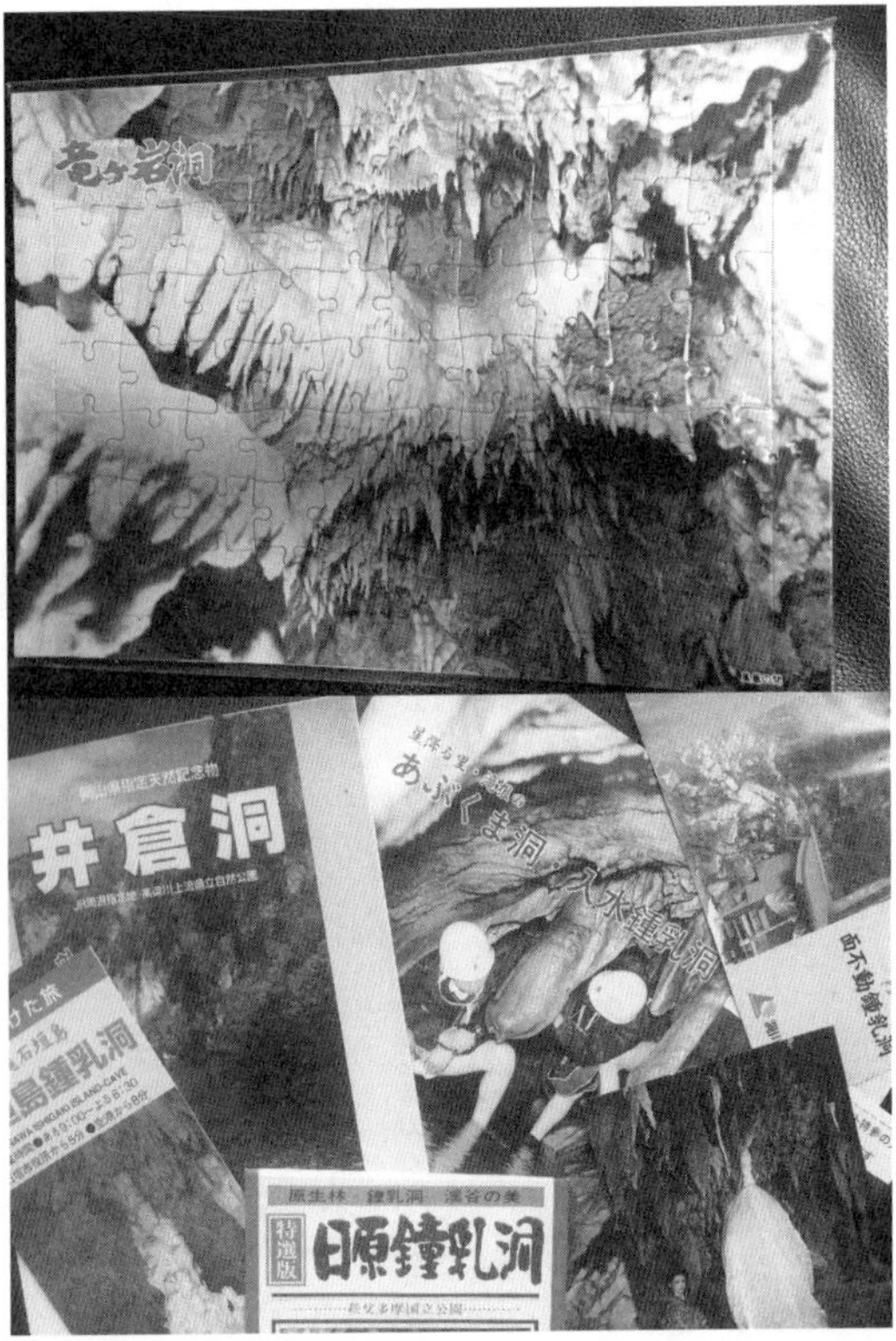

るか、入らないかだ。それとは、世間的には鍾乳洞、僕的には『SND《ショーニュードー》』と呼んでるやつ。昔っから高いところと狭いところが苦手だった。だけども、SND内部にある襞《ひだ》状突起物（この形状は大概〃カーテン〃と表記されプレートが掛けてある）や、棒状突起物（〃白衣観音〃と表記されることが多い）など、自然界が何百年、何千年とじっくり時をかけ作り出す形状は思わず「こりゃ、シャレになら

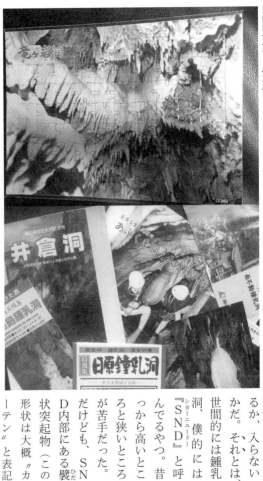

んだろ!」と、ツッ込みたくなるものばかり。そこがいいんじゃない!

日本全国のSNDに行き倒し、中にはディズニーランドのエレクトリカルパレードみたいに鍾乳石に電飾を付け、ピカピカやって恋人たちのロマンチックムードに一役買おうっていうところも見つけたが、肝心のグッズは無し。ガックリ。

「ごめん、Cコースはガイドが付かないと入れないって」。ここは福島県の入水鍾乳洞。その名の如く、Bコースからさらに洞内は狭くなり、Cコースは腰あたりまで水に浸って進むんだと。「絶対、ヤだ!」。SNDに関する資料、パンフレットはようやく手に入れたのでもう帰りたい。Aコースも半ばで引きあげることにした。

高知県の龍河洞《りゅうがどう》には、穴を出たところに土産物屋があり、そこで遂に見つけたSNDの〃ジグソーパズル〃。うーん、コレ、やりたいか? いや、やらなくてもいいじゃない。とりあえず嬉しくて僕はレジに急いだのだった。

マイ遺品 49

カカタレ

タレント化した案山子は田んぼ以外に立っている。

いきなりではあるが、案山子《かかし》には2種類あることを御存知だろうか？

一つは従来のスズメや外敵から稲を守るために作られた十字架状の案山子。〝へのへのもへじ〟と、簡易にマジックで描かれた顔はあっても、足は主軸の棒でまかなっている。服装も至ってラフで、農作業に従事する者の古着であることは間違いない。だから旅人がそれを田んぼで見つけても決して実際の人間と見間違えることはなく、〝あぁ、のどかな風景だこと〟と、ノスタルジーに浸ることが出来るのである。

さて、もう一種の案山子。これはあえて従来のと区別するため、ママタレ（ママ・タレント）風に『カカタレ』と呼ぶことにしよう。カカシのタレントとは一体、何なのか？それを説明するために、先日訪れた大分県のある村での出来事を掻《か》い摘《つま》んで話すことにする。

その地は神仏習合発祥の地として名高く、古くは奈良時代から神と仏を同時に祀《まつ》る風習があったという。今では静かな田園風景が広がり太古に思いを馳せるには絶好の地である

が、突然、視界に入り込んでくる大勢の人にギョッとさせられる。それは橋のたもとであったり、バス停の脇であったりと神出鬼没。恐る恐る近づいてみると、それらはおじさん、おばさん、子供たちのふりをした案山子ではないか。

　おじさんの中には「ゴルゴ13」に似たルックスの者もいて、真面目なのか、ふざけてやっているのか、そのよく分からない村人のセンスがまた、旅人に底知れぬ不気味さを与えてくるのである。これがもし、夜中の出来事であったなら僕はその場で卒倒していただろう。

　この地に限らず日本全国、ある時期を境に〝案山子コンテスト〟という村おこしが起こったことは事実。有名キャラを模したもの、人気のお相撲さんやサッカー選手。田んぼの方へ反り返ってる案山子は当時、流行したフィギュアスケートの〝イナバウアー〟。イナとイネをかけたオヤジギャグなのだ。

でも彼らも田んぼ（ホームグラウンド）を背にしているとはいえ、タレント化は誰の目にも顕著である。しかし、これらがスズメも寄り付かぬ場所に立つ、または意味なく集合するのであれば案山子であって案山子でない。田んぼを離れ何がしたいのか？　カカタレにとって今後、そこが問われるところである。

マイ遺品50

どん！ ドン！ 丼！

こんな名前の丼、注文する勇気ある？

たまにテレビの収録でロケバスに乗ることがある。

僕の場合、主に仏像を見て回る旅なのだけど、一番楽しみにしてるのは昼食。ディレクターが前もってコピーしたメニュー表を配る時、その都度〝ペコキュリー〟（ペコ100％をペコペコ状態とする）に照らして「今、ペコ60ぐらいだから肉うどんにしとくかな」など聞かれもしない腹具合を主張してはお願いする。

カメラマンや音声さんといった技術班は大概、丼。日本全国の丼を知り尽くしてるかと思いきや「この、衣笠丼って何だよ？」ってこともある。

僕は京都出身なので「それは甘辛く炊いた油揚げと青ねぎを卵で綴《と》じ、ご飯にのせた丼ですよ」と、得意気に説明をするのだが誰からも「それにしよう」って言葉は返ってこない。要するに疲れ切った体にはパンチがなさ過ぎて結局、オーソドックスなカツ丼や天丼に落ち着くのである。

僕は一時期、どの〝丼〟が最強なのか？　と、自らはすすんで食べないくせにそのこと

ばかり考えていた。

東京・上野駅近くの店先に『西郷丼』なる看板を発見したのは20年ほど前。誰もが一度は思いつく駄ジャレを本気でメニューにして出す飲食店主の勇気は買うが……。

西郷どんという人物のスケールのデカさにあやかりたかったのであろうが、今は駅前再開発で店ごと無くなってしまった。

また、福井県立恐竜博物館の食堂で見かけたスケールのデカイ丼『プテラノ丼』。見た目はキジ丼であるが、そのキャッチコピーに〝翼竜をイメージした〟と書かれてあってW

ＨＹ？　実際、博物館でプテラノドンの骨の展示は見たけど、アイツは到底、こんな丼に収まるサイズじゃないでしょ！

小樽に行った時、〝流石、北海道はデカイなぁ〟と驚いたのが『ポセイ丼』。だって海洋の全てを支配するギリシャ神話の神の名を借りて単なる海鮮丼なわけが……。いや、盛りの大きい海鮮丼みたいだった。

函館の五稜郭近くの店の看板には『ゴッホ丼』。ひまわりの種でも入ってるというのか？　他のメニューもどうかしてるが、『ゴーギャン』に至っては丼なのか麺なのか、そこも分からない。どんな品が出てくるのかとても興味深いけど、たぶん技術班の連中はこんな際物《きわもの》メニューに迷うことなく、カツ丼や天丼をオーダーすると思う。

マイ遺品51

地獄表

バス界には『時刻表』ならぬ『地獄表』というものが存在する。

最近よく、テレビで見かけるバスの旅。タレントが数人で地方のバスを乗り継ぎ、目的地を目指すという企画であるが、「やったー！　あと30分したらバスが来るよ」などと、実に楽しそうにしてる。

そりゃ辛いこともあるんだろうが、テレビカメラが回っているからいちいち機嫌悪くしてるようじゃ今後のタレント生命にも関わる。要するに、これでギャラを貰ってるんだからという意識が大切なのだ。たとえ気の合わない人とであっても、こんなのバスを待たないで車に乗りゃいいじゃんという〝それを言っちゃあ、おしめぇよ〟発言はなし。そこが一般のバス旅と大きく違うところである。

今はインターネットの普及でどんな田舎のバスの時刻表だって前もって調べることが出来るんでしょ？　この不確かな物言いには理由があって、スマートフォンこそ持ってはいるがうまく使いこなせたためしがない僕としては、そんなの本当の旅じゃないよって言い張るしかないわけだ。毎回、行き当たりばったりで出掛け、バスなどすぐに諦めてタクシーに乗ってしまうのが昨今の旅のあり方だ。
それでも若かった頃は金もないし、2時間程度の待ち時間など屁とも思わず、その無計

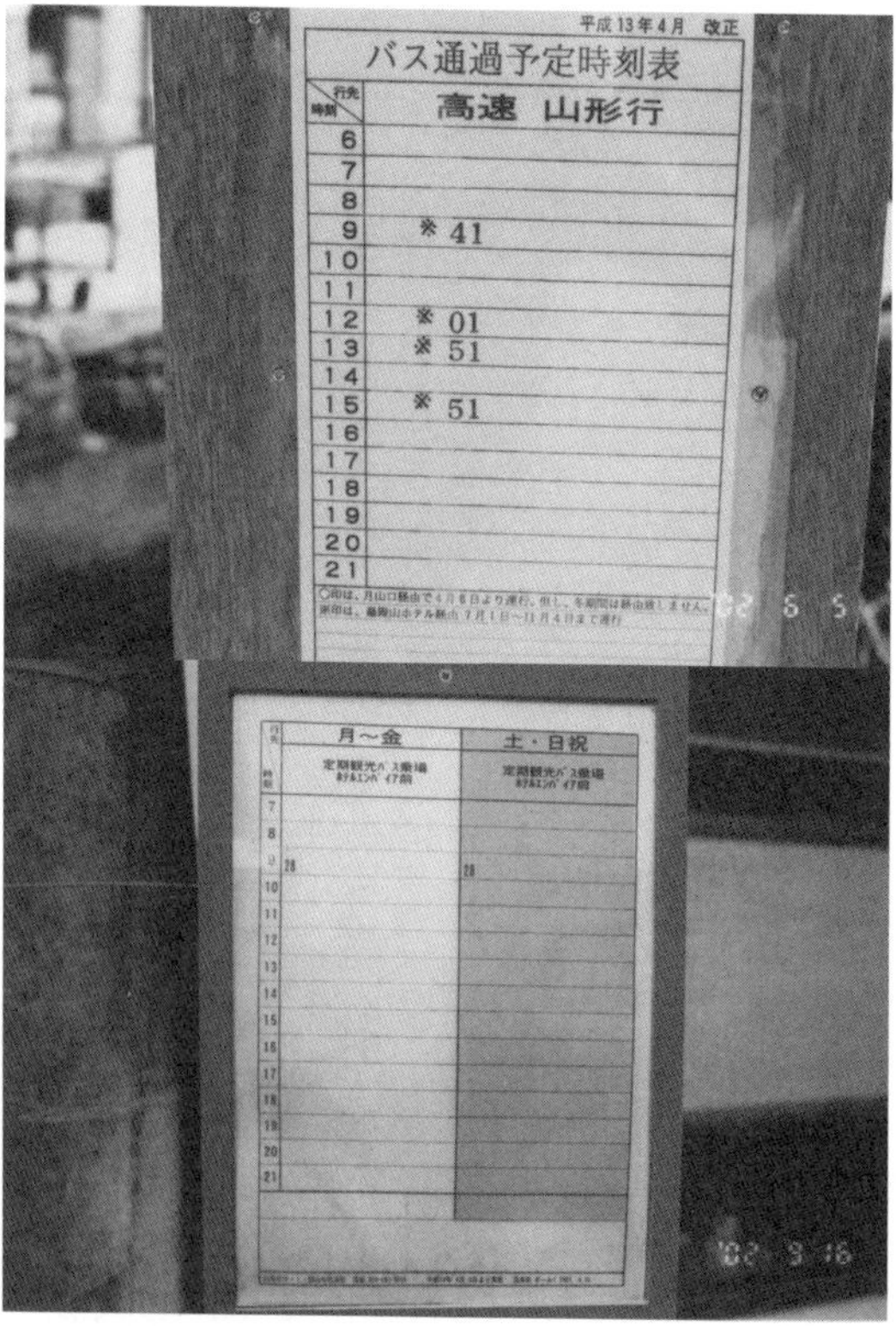

画さが却《かえ》って〝気ままな旅〟の醍醐味《だいごみ》であるとさえ思えたもの。そんなフォーエバーヤングを「そういえばぁーヤング」と回想するようになった頃、僕は一度、旅の途中でとんでもない間違いを犯してしまった。

目指していたのは山形県の湯殿山《ゆどのさん》。折しも第何回かのワールドカップの期間。全くサッカーに興味のない僕は喧噪《けんそう》を逃れ、湯殿山に伝わる即身仏を訪ねる計画を立てたのだった。鶴岡駅からそんなに待たずバスに乗れたのはいいが、途中、何を思ったのか山中で降車。まだまだ目的地は先だったことに気付いた時は既に手遅れ、バスは行ってしまった。呆然とその場に立ち尽くす僕が見たものは何と、地獄のように来ないバスの時刻表だった。若い頃なら気ままで誤魔化せたかもしれないが、ほぼ3時間待ちは流石にこたえた。

この恐怖体験から得たことは、この世に『時刻表』ならぬ『地獄表』というものが存在するってこと。1日に数本ならまだしも、ひょっとして1日に1本なんてのも有るかもしれん。便利やスムーズに慣れてしまった僕にとって地獄表のある風景はもはやあの世だった。

それ以来、やたら気になって、とうとう地獄表のありそうなバス停を捜すことがマイブームとなった。行きは数本帰りはゼロって、そりゃないぜぇ。

マイ遺品 52

エマニエル椅子のレコード

座れば弥勒菩薩の気分!?

『エマニエル夫人』に端を発し一躍、有名になった籐《ラタン》で編んだ椅子。

映画公開（1974年）から44年経った今でも（編集部注・執筆時は2018年）、〃あのエマニエル椅子〃と言えばピン！　とくる方も多かろう。

胸をはだけ、籐椅子に腰掛けて右足を下げ、左足先を右大腿部《だいたいぶ》にのせて足を組み、左手の指先を軽く左頬にふれて思いにふけるようなエマニエル夫人。

ポスターでお馴染みのこのポーズは、釈尊入滅から56億7千万年後に衆生を救うためにこの世に姿を現すとされる弥勒菩薩の「半跏思惟《はんかしい》」と真逆のポーズを取っていることになる。公開時（といっても、籐椅子に座ったポーズは劇中には出てこない）、宣伝用のポスター写真を間違いで逆版で入稿したのか、またはデザイン上わざと逆版にしたかのどちらかであろうと推測するが、未だその真相はわからない。でも、エマニエル夫人を弥勒菩薩に見立てていることは確実で、となると、その籐で編んだ椅子の座る部分は「台座」、半円を描いた背もたれを「光背」と定義づけることが出来よう。

そして、自ら夫人に浮気を推奨していた夫。性の秘技を会得することすなわち〝LOVE〟とする思想は、インドの性愛論書『カーマスートラ』が大きく影響しているとみるべきである。

正統『エマニエル夫人』は三部作だったが、柳の下のドジョウならぬ夫人モノは後を絶たず、レコード・ジャケットにもアル・ディ・メオラ（米ジャズギタリスト）の『カジノ』や、クローディーヌ・ロンジェ（フランス出身の歌手）の『恋の面影』などにあのエマニエル椅子が登場、その影響の大きさを物語っている。しかし、何故か本物のエマニエル椅子とは違っていた。光背にあたる部分がやたらデカくなって、やたら丸くなって、やたらゴージャスになっちゃってるのだ。

この伝来ミスは故意に行われた公算が大きいが、以来、日本でもニセ・エマニエル椅子に座った歌手が続々登場。男だって座っていいじゃないかと、主張してた。

マイ遺品 53

床のマート

旅館の人が「マァー！」と驚いてくれれば大成功！

この『マート』ってやつはアートよりもっと身近なもので、難解な意図があったり、高尚で後に価値が出たりするものとは全く違う。

ただ、布団を敷きに来た旅館の従業員が、「マァー！」と驚いてくれさえすればいいのである。それが『床《とこ》のマート』の所以。

当然、床の間をもじったオヤジギャグではあるが、その名の如く床の間をアートステージならぬ、マートステージに変えるわけで、そのためには旅先の土産物屋でどれだけ品物（写真をよく見てもらえば分かると思うが、干物類が多く含まれる）を買い込むかが決め手となる。そのためにも旅は一人より二人、さらに数を増やすとマートステージは華やかになること受け合いだ。

『勝手に観光協会』という、僕と『タモリ倶楽部』のソラミミストとして有名なデザイナー、安齋肇氏とで組んだチームがあるのだが、勝手に御当地ソングやポスターを作る傍《かたわ》ら、この床のマートも各地で実践してきた。

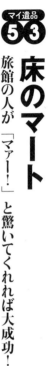

「やっぱ、シンメトリーでしょ」

安斎さんがデザイナー的見地で言ったシンメトリー（左右対称）は、床の間を一瞬、祭壇に見せる効果がある。

「と、なると中央にシンボルとなるものを置きたいね」

それは時に巨大将棋の駒（山形県天童市産）であったり、和歌山県のアドベンチャーワールドで買った虎の顔（剝製仕立てヌイグルミ素材）であったり、巨大達磨《だるま》（三重県伊勢市でゲット）であったりした。「うーん、置くとグッと構図が締まるね」

その脇に、前もって「これは両端にあった方がいいでしょ」と、二人で買った同じ品を並べていくわけだけど、決してギャグになってはいけない。あくまで祭壇であるというギリギリの線で止めるのも、床のマートの妙技だから。

「そろそろ、夕飯に行きますか」

完成した床のマートを部屋に残し、食堂に向かう我ら。ゆっくり食べるのは布団敷きの時間とかち合わないためだ。「きっと今頃、例の〝マァー！〟が出てるんじゃない？」

部屋に戻ると何事もなかったように布団が敷き詰められている。祭壇から溢れた品を避けるように敷いてあることもあり、床のマートへの配慮と受け取った。展示はそれまで。各自、それら土産物をカバンに詰め込むわけだけど毎度、買い過ぎを後悔するのも床のマートの特徴である。

マイ遺品 54

ギャップのあるキャップ

気軽にかぶれぬトホホなキャップ。

〝キャップ〟って、帽子の中ではかなりライトな存在。気軽にかぶってこそキャップと言えるものなのに、僕が以前から集めてきたものはキャップに刺繍された文字がやたら重厚で、ヘビー。

そのキャップに於けるギャップが面白く、日本各地の土産物屋を物色してきたのだが、日常はかぶったことがない。「ホント、似合わないね」と、まわりから言われ、一切かぶる気を無くしたことが大きな原因である。

昔っから体を動かすことを嫌って生きてきた僕。浪人時代から基本、ロン毛を心掛けてきたせいもあり、野球帽タイプはホント、似合わない。今の若者のようにラップカルチャーを通過してもいないので、どうもキャップはしっくりこないのだ。

そんな僕だからこそ気付けたのだろうキャップのギャップ初遭遇は、忘れもしない熊本県上天草市の「天草四郎ミュージアム」横、土産物屋の店先であった。一見、１９７０年代に流行したアポロ・キャップと思いきや、そこに刺繍されていた文字は『ＡＭＡＫＵＳ

ASHIRO』。金の糸がピカピカ輝いていた。

　もちろん、天草四郎は月面着陸で有名になった宇宙飛行士の一人ではない。島原の乱における一揆軍の最高指導者とされたお方である。

　さらに、その名前の下には〝NEW HISTORY HAS BEEN BORN

ＦＲＯＭ　ＡＭＡＫＵＳＡ〃（新しい歴史は天草から生まれてきた）と書かれていて、不謹慎にもそのキャップのギャップに吹き出しそうになった。当然、この商品は天草四郎本人のプロデュースによるものではないし、その時代にキャップなどなかったはずだ。

では、何故、ここに存在するのか？

答えは至極、簡単だ。ひょっとして売れるんじゃないかと土産物業者が作ったからである。僕はその時、たぶんデッドストックに違いないと睨み、店先にあった2個全てをゲットした。だから、これを見た読者が慌てて買いに走ってももう『ＡＭＡＫＵＳＡＳＨＩＲＯ』キャップは手に入らないと思う。

問題は一生、人前でかぶることもないヘビーキャップがその後、どんどん増えてしまい、結局はテキトーな段ボール箱の中でギュウギュウになっているこの実状をどう考えるべきか、である。

ちなみに、『Ｓ・Ｋ』と刺繍の入ったキャップは〃ＳＡＢＵＲＯ　ＫＩＴＡＪＩＭＡ〃の略。やっぱ、ここにもキャップのギャップは存在した。

マイ遺品
55

Since パート2

現状報告。乱れに乱れ……悩むシンサー。

今回は以前に一度書かせて頂いた『Since』についての現状報告である。歴史や古さを誇る場合によく使われてきたSinceがおかしなことになっている問題だ。

僕の中でその〝気付き〟があってかなり経つが、今でも無法地帯というか堂々、店の看板に『Since 2017』などと入っているのを見るにつけ「Sinceの概念、丸潰れ」と思わざるを得ない。

Sinceを審査する者（通称・シンサー）としては、さほど創業から年月を稼いでいないもの、特に目を見張るばかりの近年モノを称し、〝最新ス〟と呼んでいたのだが、何と！『SINCE 2020』などという〝未来シンス〟まで登場し、困っているのである（編集部注・執筆時は2018年）。

そりゃ、自由は何物にも代えがたいもの。しかしだ、そこに一定のルールが無ければ世の中は乱れてしまう。人間の闘争心ってやつが「うちも負けてられへんがな」と、遂には『SINCE 20××』まで生み出す始末である。

ま、その逆の老舗感ってやつも「だったらうちは『since320』でいきまっせぇー」と、無茶な西暦を謳《うた》ってくる。もう、こうなるとイタチごっこ。人類誕生まで遡る輩が出るのも時間の問題だ。
　やっぱりここはもう一度、冷静になってよー

く考えるべきである。そもそもＳｉｎｃｅは全てのものに存在する。

それは自分の誕生日だったり、愛妻家にとっての結婚記念日だったりと、キープオンしてさえいればＳｉｎｃｅをカウントすることが出来る。それをわざわざ看板に出すか出さないか、それだけの違いだということ。

「だったら『ＳＩＮＣＥ　１０００』で」って譲歩したつもりだろうが、看板をよくよく見るとゼロに小さくチョロリンと何か出てるじゃないか！　本当は１９９６でしょ！　コレはもう〝騙《だま》シンス〟と呼んじゃいますよ。

「こんなのどう？」って、ちょっと色っぽい声で聞こえてくる『ＳＩＮＣＥ　ＡＮＧＥＬ』。百歩譲って、シンサーとしてはいつから君が天使なのかを知りたいよ。

今後も調査を続けるつもりだけど、どう思います？　このＳｉｎｃｅ界の乱れ。

マイ遺品 56

峨眉山、ガビッてる！

いざ中国へ、峨眉山が呼んでいる。

「ガビッてる!!」

と、思わず叫んだのは奇岩連なるその山が中国・四川省にある普賢菩薩の霊山、峨眉山《がびさん》に似ていたからだ。

いや、実際には峨眉山へ行ったこともないわけで、その山が「ガビッてる!!」と決定するのは大変、横着ではあるけれど、僕と仏友、いとうせいこう氏は大分県北東部、日本で初めて神仏習合したという地、国東《くにさき》半島の山を見て〃似ているからこそここに六郷満山《ろくごうまんざん》文化が花開いたのだ〃と、勝手に確信。「ガビッてる」という新語まで生み出したのである。

かねてより寺院に〃山号《さんごう》〃なるものが付いていることは気になっていた。

日本の山岳信仰と仏教が結び付いたといえばそれまでなのだが、その山号に中国・四大霊山（五台山《ごだいさん》・峨眉山・九華山《きゅうかさん》・普陀山《ふださん》）の存在は大きかったに違いない。

そもそも大陸からやって来た中国の僧侶が日本各地を視察し、「ここ、ガビッてる!!」という山を霊山とし、寺院を建立したのが始まりではないかとすら思った。

もう10年以上前になるが、中国・山西省の五台山へは行ったことがある。そこは文殊菩薩の霊山であり、ツボミのように閉じた蓮華座を回転させると中から極彩色の巨大文殊が姿を現すといったイリュージョンさながらの御開扉《ごかいひ》を見て驚いたものだ。

車で何時間もかけて登頂した五台山はなだらかであり、決して「ガビッて」はいなかったように記憶する。だから、その時は「ゴダイッてる」などという少し語呂の悪い新語は生まれなかったのだ。

要するに我々は自らが放った「ガビッてる!!」という言葉の響きに、グッときてしまったのである。

それ以来、国東半島でなくても山を見つけると「ねぇ、あの山、ちょっとガビッてない?」と、指摘し合うようになった。

「きっと寺があるね。そして山頂には黄金仏がいるね」などと何の根拠もない話題で大いに盛り上がり、タクシーの運転手さんをポカンとさせることも度々。

僕は気が付くと今まで全く興味のなかった山の絵をせっせと描いては、〝この辺りがガビッてる〟などと注釈まで加える始末。とうとう「行きますか!」の声がどちらからともなく出て、いとうさんと一緒に中国に渡り、ガビ・グッズを買ってきたのである。

峨眉山、楽山大仏など中国・四川省の土産物

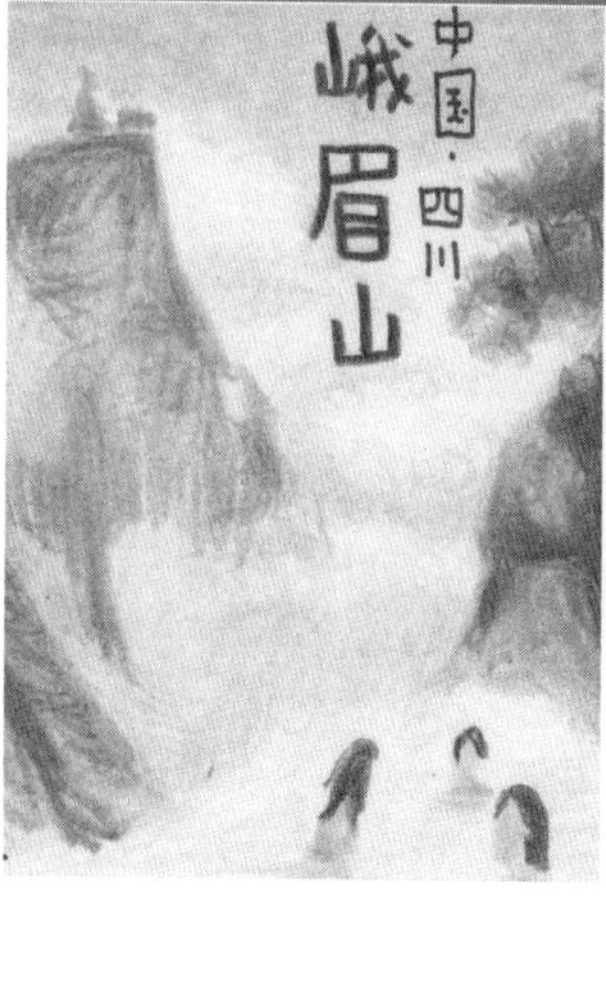

マイ遺品 57

ワニック

ワニのパニック映画を観てワニグッズ収集を開始。

怪獣ブームのどさくさに紛れ、発売された〃ワニゴン〃のプラモデル。鼻先に角が付いているが、どう見てもフツーのワニである。完成後にはゼンマイ仕掛けでその四肢《しし》を動かし前進するのだが、何か物足りない。

いや、いずれこの聞き慣れない新怪獣もテレビか映画で大暴れするものとばかり思っていたが、いつになってもそんな情報は入ってこなかった。

どうしたことかとプラモの箱の文章をよーく読んでみたら〃ニットー・オリジナル怪獣〃と、書かれてある。

当時、小学生だった僕はその真意がよく分からなかったが、偽物を摑まされたことだけは確かなようだ。以来、オリジナルという言葉には気を付けるようになった。

ところで話は変わるが、寺や神社の祭りの際、参道の出店でよく売られていたゴムヘビ。この連載でも以前、絶滅危惧種と称しやたら集めてるって話をしたことがあるが、ゴムヘビと何故かペアで並んでいたのがゴムワニである。そのスケールの小ささから印象は至っ

て薄いが、ヘビ同様、ワニも神様扱いであることは余り知られていない。
古代インドの川の神である〝クンビーラ〟はワニの化身。それが日本に伝わって金毘羅となったのだ。あの四国の〝こんぴら〟の正体がそれ。だから、ゴムワニとゴムヘビは必然的に参道に発生していたのである。
'70年代、大ブームとなったパニック映画。凶暴なワニモノも何作か制作されたが、不幸なことに米映画『ジョーズ』にすっかり人気を食われ、少し流行りの兆しがあった『クロコダイル・ダンディー』（1986年、豪）では、当のワニに陽が当たらず、ダンディーの方ばかりが持て囃《はや》されてしまった辛《つら》い過去がある。
しかし、どうだ！　今年（2019年）公

開された『クロールー凶暴領域ー』（米）はワニ映画史上最高作と踏んだのだが、観客はまばら。またしても、ジョーの付く『ジョーカー』（米）に客を奪われてしまったようだ。うーん、これはどうにかせねば！　僕は立ち上がることにした。

やり口はとりあえずワニグッズを片っ端から買っていくだけなのだが、まずはゴムワニから。そしてブリキ玩具、やたら銀粉が吹き付けられたワニ形貯金箱などと手を伸ばしてみたものの、まだ修行の域。

いずれ、剥製ワニ。果てはラコステの商品で全身を包むような人物になるのかな？

まだ、ちっともワクワクしないが、当分の間はワニワニして待つしかないようである。

マイ遺品 58

ワニック パート2
ワニのビニールボートを膨らましてみたら……。

ある雑誌の撮影のため、ビニール製のボートを膨らまそうと試みたが、大変な作業となった。

毎年、人間ドックに行っているのだけど、その時の肺活量検査でも係の女性から「もっとプゥ〜〜ッと!」と、促され懸命に息を吐くが、毎度、いい成績は残せない。

「もっと思いっ切りプゥ〜〜ッと!」、ちなみにそのプゥ〜〜ッとの言い方、特徴があり過ぎで笑いを堪《こら》えるのも大変なのだが。

だから、最初から息でワニのボートを膨らますなんて思ってはいない。それでも手動式空気入れポンプを何十回プッシュしても一向にワニたる形状にはならず、手首を痛めるばかり也。

結局、カメラマンの助けを借りてようやく1匹、完成したのだが、予想以上にデカかった。

そりゃ、これを海かプールに浮かべ、その上で寝そべったりするわけだから当然、全長

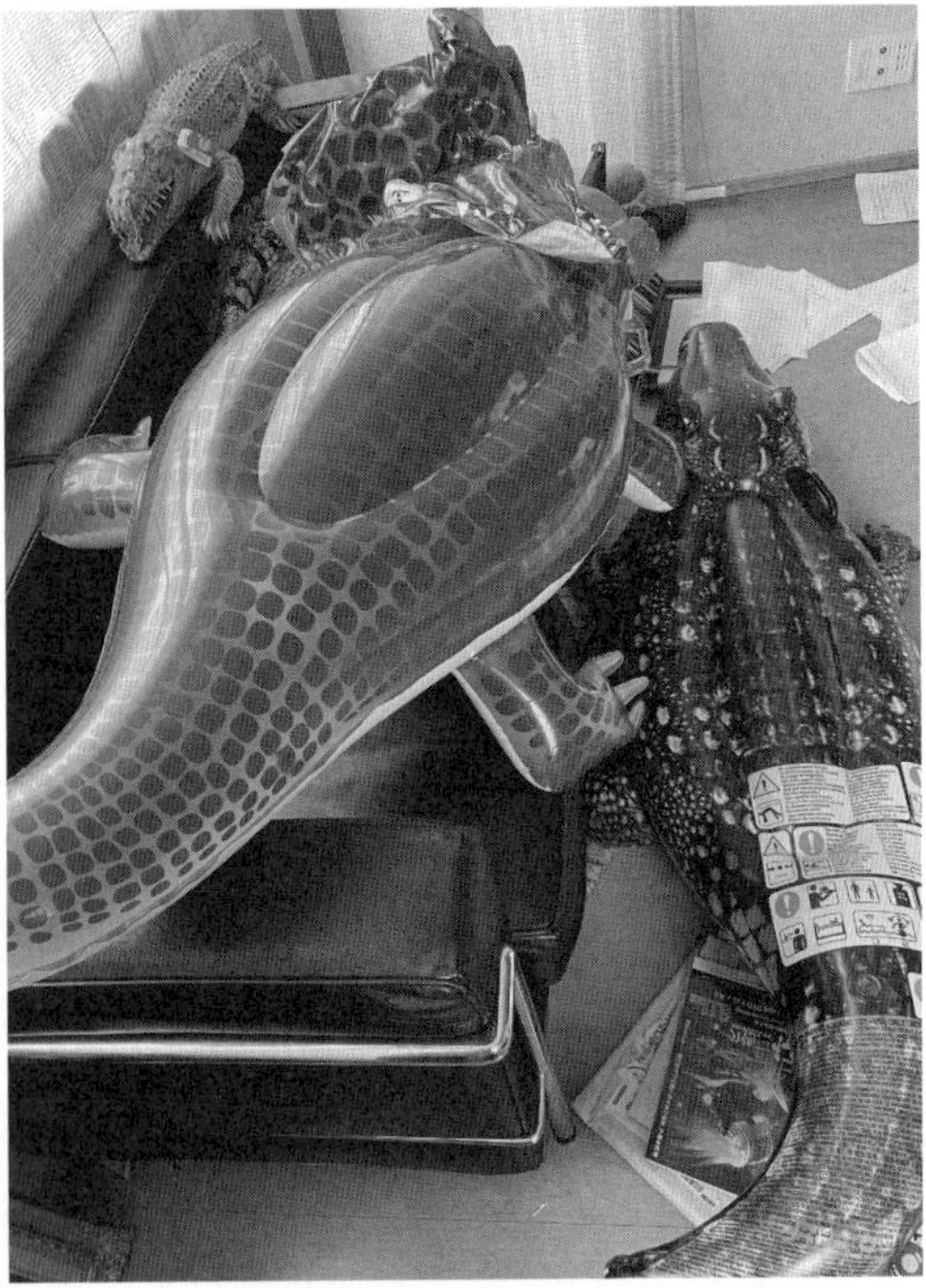

2メートルくらいは要る。

それを承知で買ったんだから仕方ないが、僕はコレを海やプールに持って行く気はさらさらない。というか、このような撮影の機会がなければ、膨らまさない状態のまま、仕事場に放置しておこうと思ってた。

「もう1匹、出来上がりましたよ。コレ、かなりリアルじゃないですかぁー」

作業は結局、カメラマンに任せきりにしていたのだが、確かにそれは本物のワニのようであった。「こんなのに嚙まれたら一溜《ひとたま》りもないよね」、他人事《ひとごと》みたいに返すが、また部屋は狭くなった。

「コレもいっときますか?」

「だね」

実は3匹買っていた。パッケージに完成写真があるが、バカみたいにファンシーなやつだ。僕はそれらに囲まれ〝今のマイブームはワニ〟と、したいわけだけど、待てどもそいつはシナシナのままだ。「コレ、どっかに穴が開いてんじゃないですかね」と、カメラマンは顔中、汗だくで言った。初めっから不良品だったのだ。

「こんなのに乗っちゃ溺れてしまうね」

そもそも泳ぎ自体が苦手な僕はそう言った。穴の開いてる箇所に粘着テープを貼り、ようやく撮影を終えた。

「で、どうしますコレ?　空気抜きましょうか」

僕は散々、苦労してくれた姿を見ているので「そのままでいいです」と、答えた。が、どうしたものか?　いくらワニグッズ強化とはいえ、ボートにまで手を出してしまったことが悔やまれる。僕は今、ワニの棲家に居候しているような気分なのだ。

マイ遺品 59

無意識スクラップ

わんこそばの速度で貼って完成。

最近、やたら〝無意識〟というものに興味を持つようになった。

本当に自分が自分の行為に気がつかないことってあるんだろうか？

「無意識でしてしまいました」

それは大概、罪を軽くして貰うための詭弁《きべん》であって、「な、わけないだろ！」とツッ込みを入れられるのがオチだ。

収集癖にもどこかしらそんな後ろメタファーがある。当然、意識的に集めているのであって、気が付けば溜まっていたなんてことはない。

18歳で上京して、44年にもなる（編集部注・執筆時は2020年）。その間、気になった新聞や雑誌などの切り抜きページを入れた段ボール箱が何箱にもなり、どうしたもんかと引っ越しをする度、思っていた。

一度、資料用にとそれらをスクラップ帳に貼り始めたことがあったが、作業中、〝一体、何のための資料？〟という疑問が頭をもたげ、ちっとも身が入らなかった。長きに渡り、

コクヨのスクラップ帳と向かい合ってきた僕。これぞライフワークと、自ら〃スクラッパー〃とまで名乗っているというのに情けない次第である。

　身が入らない理由は何か？　自分を問い詰めてみることにした。小学1年生からスクラップ道を歩んできた。怪獣、仏像、エロと、元来、〃見せ前《ぜん》〃（誰かに見せることが前提）で貼り倒してきたわけだが、今回はそれがない。呆れられて然るべきエンターテインメント性が欠如していたのである。

段ボール箱から大量の切り抜きを仕事場の床にぶちまける。ヘンな記事、存在感ハンパない人物や、いやげ物、鹿児島・指宿《いぶすき》の砂むし温泉やチンパンジーの写真などなど、足の踏み場もないくらいに広がった。

もはや、何が面白くて取っておいたのか、自分でも分らなくなったものもたくさんある。これらを片っ端から貼っていこうと思い立ったわけだが、ついつい〝この記事の横にこの人物写真はヘンだろう……〟などと、意識が働いてしまう。いかん！ そこはたまたまスペースがあったから貼ったぐらいに思わなきゃ。だから、貼る速度は、わんこそば。〝ハイ、ハイ、ハイ、1冊完成〟という要領だ。

写真の上に写真を貼ってみる。それじゃ下のが見えないが、どれだけ無意識に近づけるか、そこがテーマ。これはひょっとすると、亡くなる寸前に見るという己の走馬灯の編集作業ではなかろうか？

マイ遺品60

ヘンヌキ

観光地に生息するヘンな栓抜き。

仕事場にお中元が届き、箱を開けてみると高級そうな瓶入りジュースが2本入っていた。こういったものはふだん買うことはないので、感謝しつつ早速、飲んでみたいと思ったのだけど、瓶の開け口を見て少し焦った。

2本共、栓抜きを必要とするものだったからだ。〝どこかにあるだろう〟と、まずは流し場近くの引き出しを探ってみたがない。〝ひょっとして〟と思い、仕事机の中や本棚の隅々まで見たがない。あれほど持っていたのにないとは一体、どうしたことだ？

僕はまた、ジュースの瓶を置いた場所に戻り途方に暮れた。

そして、改めて〝あれほど持っていた〟はずの栓抜きが全て、今、盛岡市民文化ホールで開催中の『みうらじゅんフェス！　マイブームの全貌展』に陳列されていることに気付いた（編集部注・2021年7月10日～9月5日開催。現在は終了）。

それらは用途こそ栓抜きであるが、日本各地のとりわけ有名観光地に発生する土産物の一種で、京都・金閣寺（金メッキが施された鉄製のモノで、建物前の池に当たる部分が空洞に

なっており、そこで栓を抜く）といったものや、鹿児島で購入した漫画チックな西郷どん（大きく開いた口内で栓を抜く）や、確か広島でゲットした毛利元就の座像（股間部の空洞で抜く）や、福井の東尋坊の崖の下（あたりで抜く）や、南部鉄器で有名な岩手では何故かヌード像（上に挙げた両手と頭部との隙間で抜く）や、カッパの股部（たぶん、これも岩手の遠野物語の地で買い入れ）や、イカ、コケシ、シャチホコ、佐渡おけさ、カニ、大仏、なまはげなどなど。

しかし、時代は移り、栓抜きいらずのプルトップやキャップ化でほぼ、絶滅危惧種扱い。ちなみに僕はそれらを栓抜きならぬ『ヘンヌキ』と、勝手に呼んでいる昭和遺産。今でも見つけ次第、捕獲、収集しているのだが――。

せめて、その中の一個でも手元に残しておけば良かった。

そういや昔、机の角に栓の端を当て、その上から手を振り下ろし見事、栓を抜いてた人を見たことがある。どうにかしたい一心でマネてみたが、手が痛いだけでうまくいかなかった。『空手バカ一代』というアニメで手刀で瓶の口を切り飛ばすシーンも思い出したが、諦めた。

結局、コンビニに走り（そこにもなく）、百均で買い入れたマトモな栓抜き。ようやくコップに注ぎ飲んだが、冷やすことを忘れせっかくの高級ジュースはいやに生温かった。

マイ遺品 61

コロナ画55（ゴーゴー）

コロナ禍の暇つぶしに描いた55枚の絵。

このコロナ禍で気付かされたことはいくつもあるけど、とりわけ僕にとって大きかったのはやっぱり絵を描くことが大好きだったたってこと。

美大を卒業しても就職先が決まらず、結果、〃イラストレーターなど〃と、自ら名乗り、主に〃など業〃の方を40年以上もやってきた。

未だ、バイトしてるような気持ちでいるのは、それが本業とは思ってないからで、だからこそ色んなことがやってこれたのだ。

そんな僕のモットーは〃人生、暇つぶし〃。

いかに与えられた暇を楽しくつぶすか？ そればっかり考えてきた。さあ、長引きそうなこのコロナ禍で何をしようかな？

当初、画材屋でキャンバスを1枚買い、そこにマイブームであった〃ワニ〃を描いたが、余白を埋めたくなって〃ゴムヘビ〃を描き足した。そうなるとかつてのマイブーム〃飛び出し坊や〃や〃いやげ物〃たちも黙っちゃいない。「オレを描けよ」と、次々に要求して

くるものでキャンバスを新たに買って、とうとうそれが1年後、55枚にも膨れ上がった。だから現在の総合タイトルは『コロナ画55(ゴーゴー)』である。

しかも、連作形式にしたもので、その全体像はバカデカく、自宅の床に広げることも出来ないといった有り様。

こんなに絵を描くことが大好きだったなんて、ふだん〝など業〟をしていた時は全く気付かなかった。コロナ画の最大の魅力は依頼主が自分であるところ。よって、テーマは自由。〆切りは一応、コロナ収束と決めたので、まだまだ増え続けそうだ。

「ねえ、私のこと、お忘れじゃないかしら？」

ある時、マイブームにこそなってはいないがずっと気にかけていたダイコンが僕に囁いてきた。

それは歓喜天《かんぎてん》（多くは秘仏として扱われている象頭人身の像で、聖天様とも呼ばれる）の献《ささ》げ物としても有名な、二股ダイコンである。お寺で見つける度、その艶《なまめ》かしい形状にドキドキしてたが、俄然《がぜん》、描きたくなった。

すぐにケータイで写真を検索したら、同時にショッピングサイトの方にも目がいった。出てるじゃないか！　二股ダイコングッズ！　俄然、欲しくなり、いくつか買ってみたが、とりわけコレにグッときた。

〝ぬいぐるみ　セクシーダイコン〟

一度、絵に描いたものは大好きになることにも気付いた。今では大切な僕の抱き枕である。

コロナ画55（ゴーゴー）

アサヒビール大山崎山荘美術館で開催された「みうらじゅん マイ遺品展」にて撮影。

みうらさん、「マイ遺品」ってなんですか？

インタビュアー
ほぼ日見習い乗組員
シジュちゃん

2021年12月18日から2022年3月6日まで、京都のアサヒビール大山崎山荘美術館で、みうらじゅんさんの「マイ遺品展」が開催されました。


京都といえば、みうらじゅんさんの故郷。

おそらく「故郷に錦」のすごい展覧会にちがいありません。

そこで、いつもみうらさんにお世話になっている、ほぼ日の見習い乗組員の鳥、シジュちゃんが美術館におじゃますることにしました。

なぜなら展示の中にシジュちゃんの写真もあるという情報を聞きつけたからです。ほんとうにあるのかな……？

みうらさんが館内を案内してくれます！

＊シジュちゃんとは……
フルネームは、フェザード・シジュ。ＷＥＢサイトほぼ日刊イトイ新聞で見習い勤務をしている宇宙の鳥。特技はテルミン。口ぐせは「ジュ」。

「マイ遺品」って、なんですか？

シジュ　こんにちは。今日は、京都の山崎にあるアサヒビール大山崎山荘美術館に来ているんだジュ。ここではみうらじゅんさんの「マイ遺品展」を開催中なんだジュけれども、みうらさん、マイ遺品って、どういう意味だジュか。

みうら　あのう、あれだよね、えーと、僕のね。

シジュ　……みうらさんは、いま一瞬だけ、こういう漠然とした質問に答えるのが、面倒くさくなっただジュよな?

みうら　いやいや（笑）、この状況でね、俺はシジュちゃんについてくわしく説明したほうがいいんだろうなと思ったんだけど、いま、話すべきは自分のことだよね。

シジュ　そうそう。この美術館に謎の銀の巨大鳥がいることじたいが、いちばんの疑問符だけど、それはおいといて。マイ遺品って、どういうことだジュか。

みうら　生前から「集めているもの」が、みなさんにもあるでしょう。それを「マイ遺品」と呼んでいこうという、これは一種の運動のようなものなんだよ。

シジュ　へぇ、運動か。

みうら　運動とか、活動ね。こうして集めてしまうものをいまから「マイ遺品」とでも言っておけば、周りの人たちも「しょうがないな」ってことで容認してくれるんじゃないかな、と僕は踏んでいるんですよ。

シジュ　ああ、なるほど。「これはあの人の遺品だから」と……。

みうら　「コレクション」という言い方だと、亡くなったあとに「これ、どうすんだ」ということになってしまいがちです。

シジュ　処分するほうも困るよね。

みうら　それを見越してなのでしょうか、生きているあいだから「もう、集めるのやめろ」って言われがちになりますでしょ。

シジュ　「あなた、あんまり集めるのもどう?」とかって。

みうら　そうそう。そこを「マイ遺品」と言っておけば、「あ、それならもう、どうぞどうぞ」ということにならないかなと思ったんですよね。

シジュ　いま集めてる段階で、前もってそう言っておくんだね。「遺品ならしょうがないな」と思うもんね。

みうら　だってさ、「遺品を集めるな」と言うなんて、ちょっと失礼にあたる気がするでしょう?

シジュ　そうだジュね。

みうら　これはまあ、言いわけ的なことなんだろうけどさ。

シジュ　言葉の言いわけね。

みうら　うん、僕の人生自体が言いわけだからね。

シジュ　そういう意味ではさ、自分たちは生まれたときからずっと、遺品を集めてるとも言えるだジュね。

みうら　そうだね。生まれたときから余生のカウントダウンがはじまっているようにさ。

シジュ　そうだジュな。

みうら　余生といったって、「もう歳だから」なんてことではじまるわけじゃないんだ。生まれた瞬間から最後へのカウントダウンがはじまる。それと同じように、遺品のカウントダウンもはじまってるわけさ。

シジュ　ほんとうだね。いま、心から理解した。

みうら　じゃ、展示を見ていこうか。このマイ遺品たちは、ある意味、僕が断腸の思いで集めたものなんです。

シジュ　いまいるこの部屋、ここの見どころは何だジュか。

みうら　「見どころ」って言われても困るんだけどさ。あのう、今回は会場が京都でしょ?

シジュ　うん。

みうら　ここは一応、僕の生まれ故郷なわけですよ。

シジュ　あ、そかそか、みうらさんは京都出身だジュね。

みうら　だから、シジュちゃんから当然そういう質問があるだろうと思って、それだけ考えてきたけど、質問がないから、いま言うけどさ。

シジュ　あ、うん、わかったわかった、ごめん、ごめん（笑）。

みうら　「ということは、みうらさん、この展覧会で故郷に錦を飾るんでしょう?」という質問が、てっきり出ると思ったんだ。その質問が出たと仮定して、ね?

シジュ　「故郷に錦を飾るんでしょう?」

みうら　「うーん、錦は飾ってないけど、ゴムヘビは飾ってますよ」。そう言おうと思ってた。

シジュ　わははは、そっちのほうがいいよ。

みうら　うん。僕にとってそっちのほうが、故郷に錦を飾ったことになるのかな、と思ってるんだ。

残そうと思っても、ふつうは残せない。

シジュ　この部屋には、ヘンヌキ（へんな栓抜き）が展示してあるんだジュよな。故郷に錦は飾らないけど、ゴムヘビやヘンヌキは飾る、そんな展覧会なんだジュな。

みうら　だから今日はシジュちゃんに「これは故郷に錦を飾ったことになるのかな？」というポイントを、ぜひ見てほしいんだよね。

シジュ　うん、わかっただジュ。

みうら　もっと言うとね、僕はいまの段階で、まだ錦は飾りたくないんだ。

シジュ　あ、そうなんだジュか？

みうら　これはまだ、錦にはなっていないんです。そうだね、おそらく、あと100年後です、未来の柳田國男があらわれて「これは民俗学的に貴重な資料である。ああ、よく残してくれました」と言ってくれる、そういうものが陳列されているわけです。

シジュ　ほんと、ほんと。だってさ、こんなの残してる人、いないよ。

みうら　これ、残そうと思って残せるもんじゃないんです。それはね、僕もそんなに欲しくないわけだから。

シジュ　え、そうなの？

みうら　僕はよく、人から「趣味が多いですね」とか、「好きなものいっぱいあっていいですね」とか言われがちなんですけどね、そうじゃないんです。

シジュ　そうじゃないんだジュか。

みうら　僕は「それらを好きになることが好き」なんです。

シジュ　……!!

みうら　うん。たとえば、これ。

シジュ　このヘンヌキ。

みうら　みやげ物のなかに「いやげ物」というもらっても困るものが混入されてることは、ずいぶん前から気がついてたんですけど。けれども、そこからさ。

シジュ　みうらさんが人と違うのは、そこから。

みうら　これらのものがここに集まっているということはつまり、僕がどこかで買ってきてるわけですよ。はじめの1個を買うときにはそれなりに勇気が要るもんです。まず、こういうものを見つけるのは、どこかに出かけた旅先でしょう？　これね、よく考えてね、ヘンヌキは金属でできてるんです。重いし、土産にしては意外と値段が高いんだよ。

シジュ　あ……高いんだ。

みうら　うん。なかには３０００円ぐらいするやつもあるわけですよ。

シジュ　え？　じゃあ３つで１万円ちかく……。

みうら　そんなのね、嫌でしょう？

シジュ　嫌だ。

みうら　嫌だし、持って帰るとき、こんなヌードの栓抜きをね、かばんに入れると重いんだ。よく見て、この、頭の上で輪にした手のとこで、栓は抜くらしいんだけど……。

シジュ　わはははは。

みうら　そういうことより、南部鉄でできていて、ずっしり重いわけよ。もういまや、抜くものもほとんどない時代にですよ。

シジュ　そんなのおみやげにもらっても、困るし。

みうら　でしょ？　買うのももらうのも困るし、高いし重いし、まぁ、言ってみれば「嫌なことばっかり」のものを、勇気を出して買うんです。

シジュ　どこから切り取ってもいま欲しくないものをずしっと手にとって。

みうら　断腸の思いでレジに持っていくという、その時点からもう、民俗学なんだよね。

シジュ　そうだジュよ。こんな、何万円も何万円も……。

みうら　僕がやってるのは「学」だから。

シジュ　「学」だジュからね。

みうら　コレクションじゃないんだ。「学」のための資料ですから。

シジュ　マイ遺品であり、なおかつ、未来の柳田國男さんに対するメッセージだジュから

な。
みうら　ほら、これも見てよ。この灰皿は「コイ皿」と呼んでるものなんだけど。
シジュ　ははは、かわいい。そして大きい。
みうら　鯉に……肩ってあるの？
シジュ　肩？
みうら　人間には肩があるでしょ？　この鯉にも肩らしき部分が無理やり作ってあるんだよ。そこに穴があいていて、タバコを置く仕組みなんだよ。
シジュ　ちょっとおかしな発想だジュな。
みうら　鯉の口の部分が開いてるから、きっとここからタバコの煙が出るようになってるんじゃないかな。でもね、どう考えても、それは無理だし、第一、中が洗えないでしょ。
シジュ　洗えないね（笑）。

みうら　設計ミスでしょ。

シジュ　これ、すごく高かったんじゃないだジュか？

みうら　いや、いま思い出したんだけど、これ、奈良の橿原《かしはら》神宮前のみやげ物屋さんで買ったんだ。そんな高くなかった気がするけど、さすがにデッドストックでね。

シジュ　そうだジュよな、こんな割れそうで大きな、使いにくくて洗いにくい灰皿をおみやげに買う人は今後あらわれないだジュ。

みうら　店の人も、持って帰ってほしくてたまらなそうな顔をしてた。だから、だいぶ安くしてくれたよ。

シジュ　それは、徳を積んだね。

みうら　デッドストックは値札がついてない場合もあるんだよ。

シジュ　そうなんだ。

みうら　こういうものは、たいがい、店の奥のほうにいる。僕は視力がよくないんだけど、こういったものたちのことは、なんだかよく見えてしまうんだ。それはね、ほんとうに「早く引き取ってほしい」というみやげ物からのサインなんだろうね。

シジュ　値段は一種の賭けだね。

みうら　うん、交渉次第のとこもあるよ。

シジュ　人々との交渉、フィールドワーク。柳田國男だ。

みうら　だから、柳田國男用なんだよ。

捨てられなくするための方法。

みうら　じゃあ、次の部屋に移動しようか。

シジュ　はい。ここは何の部屋だっけ。あ、シジュが展示してあるところだジュ。スクラップブックの部屋。

みうら　どこにいる？

シジュ　どれどれ？

みうら　あ、いたいた。いた。シジュちゃんいた。

シジュ　うわーい、みうらさんの展示にシジュがいるんだジュよ。うれしいだジュ。みうらさん、これはいったいなんだジュか？

みうら　なんだジュかって、知ってて来てるんでしょ（笑）。美術館の方にたのんでそのページをわざわざ開いてもらったんでしょう？

シジュ　えへへへへ。盛岡の「みうらじゅんフェス！」でシジュを見たっていうおきゃくさんがメールくれて、それで京都でもぜひそのページをって、お願いしたんだジュ。

みうら　スクラップについてはご存知のとおり、上京してから四十数年、エロの写真を主にスクラップ帳に貼りつづけてきましたがね。

シジュ　あの有名な「エロスクラップ」。みうらさんは毎日貼ってるんだジュよね。

みうら　もう700冊を超えたんだよ。

シジュ　すっごいだジュ！

みうら　この部屋の展示はね、エロ以外の、気になる内容の記事を切り抜いたものなんだ。いままでそれを意味なく段ボールにいっぱい詰めて、40年間も残してきたんだよ。

シジュ　40年の紙の蓄積ってすごいだジュな。

みうら　このコロナ禍で、時間ができたから、スクラップ帳に貼ってみようと思ったんだよ。これはね、「無意識スクラップ」と呼んでます。つまり、どれだけ無意識に貼れるかに挑戦してみたということなんだ。だから、右ページと左ページに貼ってあるものには、まったく関連性がないんだよ。

シジュ　ないはずなのにね。

みうら　そう。なかったはずなのに、なんだか出てきちゃってるよね。

シジュ　無意識の組み合わせの妙が、見ていてまったく飽きないだジュよ。

みうら　毎日毎日やってたら、シジュちゃんもたまたま貼ってあった。だから、シジュちゃん貼ったのを、僕は気がついてないんだよ。

シジュ　トランス状態でやってたんだジュな。

みうら　シジュちゃんの上には「人間椅子」って貼ってあるね。シジュちゃんは人間椅子のメンバーじゃないのにね。

シジュ　人間椅子がこの人みたいに、タイトルっぽくなってるね。

みうら　それが無意識のなせるわざだね。

シジュ　みうらさんはそもそも、なんでスクラップをはじめたんだジュか。

みうら　僕はまず、小学1年生のときに、怪獣の写真のスクラップをはじめました。雑誌や新聞に載ってた怪獣写真を切り取ってね。僕は一人っ子だったから、両親の愛情をたんまり受けて、雑誌をたくさん買ってもらってたんだけど、そうすると、まるで貸本屋のように友達が、日々、遊びにくるようになりました。そうしてみんなで読んだ雑誌を、僕としては残しておきたい。でも、毎年大晦日になると両親が大掃除といって、「もういいでしょ、これ捨てて」という悪魔の誘いをしてくるんですよ。

シジュ　マイ遺品の宿敵、「もういいでしょ、これ捨てて」だジュな。

みうら　そうそう。そんなときには面倒がっちゃいけないんだよ。「うん、もういいよ」と言ったら最後、この展覧会に怪獣のスクラップブックは並ばなかったということなんですからね。

シジュ　大晦日ごとに、よくがんばっただジュな。

みうら　僕は小学1年生の頃からずっと、「ものをどうやったら残せるか」ということばかり考えてきました。そのせいでこんなことになっちゃってるんですよ。

シジュ　そうなんだジュか。

みうら　いまは「断捨離」という言葉もあって、ものを捨てることが、いいことになっています。でも、みんながみんな「断捨離」になると、文化財だって残らなくなりますから。お寺の人も「この仏像、もう残さなくてもいいんじゃない？」なんてことを言い出したら、どんなものも捨てられてしまいます。やっぱりこの長い歴史で、そのときどきに「残しておくべきだ」「これはいいものだ」とストップをかける人がいるんですよ。

シジュ　その人たちのおかげで、いまお寺に行っても仏像があるんだジュな。

みうら　仏像で言えば、アーネスト・フェノロサという人がいて……「いて」と言ってる

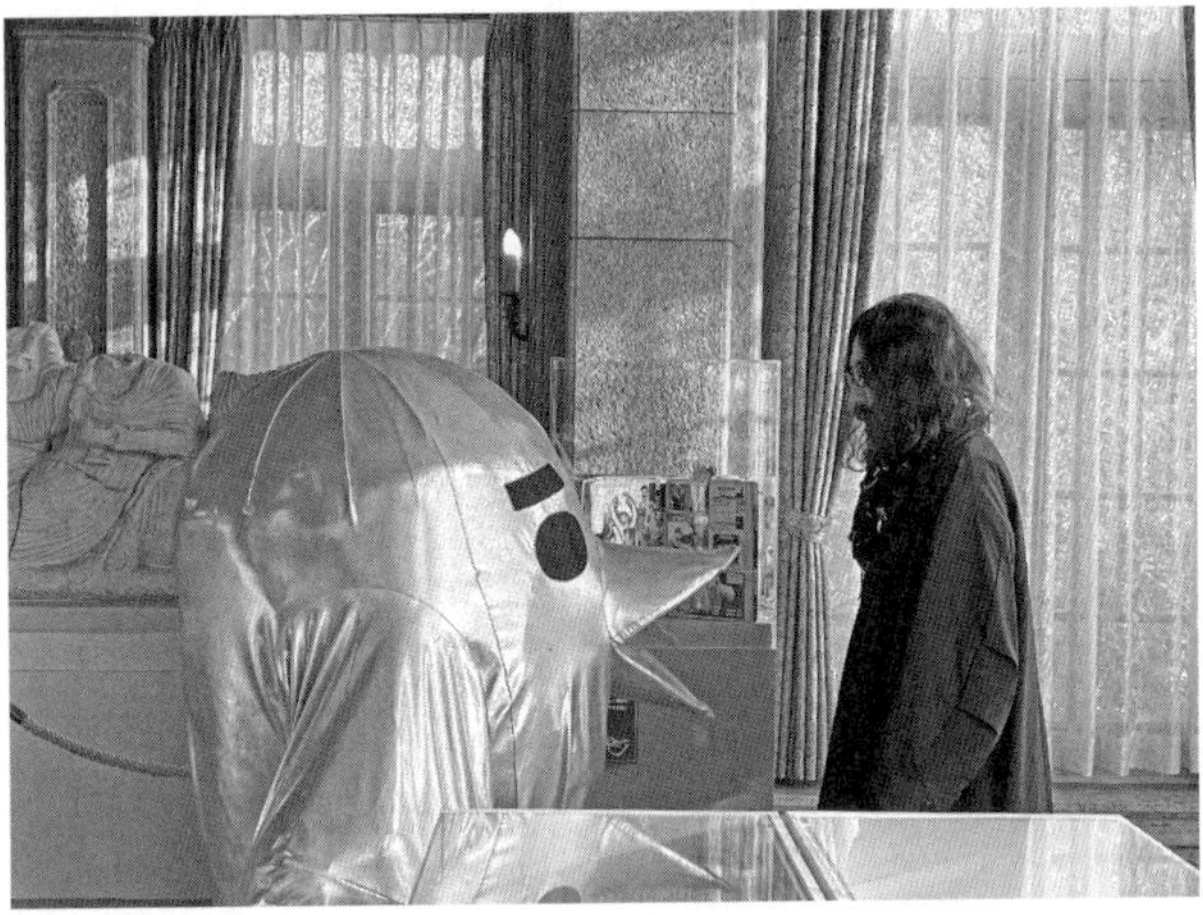

けど、僕はフェノロサさんと酒飲んだこともないし時代も違うんですが、フェノロサさんのおかげで、僕たちはいま、仏像を見ているわけだよね。外からの目線で、日本のいいものを残してくれた。これから僕らは、自分たちで残していかないとね。

シジュ　その「残す方法」として、スクラップを小学1年生は思いついたんだジュな。

みうら　奇しくもその年、コクヨの「ラ－40」というサイズのスクラップブックが発売されたんだ。だから、言ってみれば、僕は小1のときに最新型のノートパソコンを買ったようなものなんだよ。

シジュ　それはもう、運命だジュな。

みうら　いかにして大晦日に魔がささないようにするか、考えた末の作戦がスクラップだったのでしょう。大切な部分だけ、ほんとうに欲しい、グッと来る部分の写真や記事だけを切り抜いて、「コクヨのラ－40」に貼ればいいんだと、小1の僕はピーンときた。背表紙に「三浦純 責任編集」みたいなことを書いて本棚に差し込むと、それはもう自分の作品になって、親も手を出せない領域になる。そこからはじまったんだよ、僕のスクラッパー人生は。

シジュ マイ遺品を築くための重要なスタートだジュな。

みうら でもね、テレビの「鑑定団」的な視点では、値打ちのないことをしてたんだ。持っていた雑誌をそのまま保管しておけば、価値も出たんだろうけど、これはそんな話じゃなくて。

シジュ そこから偉大なエロスクラップまでつながっていくんだジュからね。自分の作品、それはアートだジュよ。

みうら 怪獣のスクラップは、小学4年生あたりで、仏像スクラップに切り替わってるんだ。ヒーローもののアイデアはすべて仏教の世界観を拝借していることにその時期、気づいていていたんだね。怪獣のスクラップを前に僕の解説を聞いてくれていた友達も、ネタが仏像になったとたん、「その話、もうええわ」と言い出し、最終的に、中学の時点でかなりの友達をなくしてしまいました。

糸井さんに見せたい画。

シジュ　次は待ちに待った、ゆるキャラのいる展示館に移動だね。

みうら　シジュちゃん、廊下を渡るの、たいへんじゃない？

シジュ　だいじょうぶだジュ。

みうら　一回脱いで、歩いて、また着たほうが早かったんじゃない？

シジュ　そうとも言えるだジュ。

みうら　もうちょっと距離あるよ。

シジュ　ふぅぅ、着いた。みうらさーん。あ、みうらさんのお人形がいた。

みうら　見えてんの？

シジュ　見えてるよ。これ、ゆるキャラじゃないいね。いったいなんだジュか？

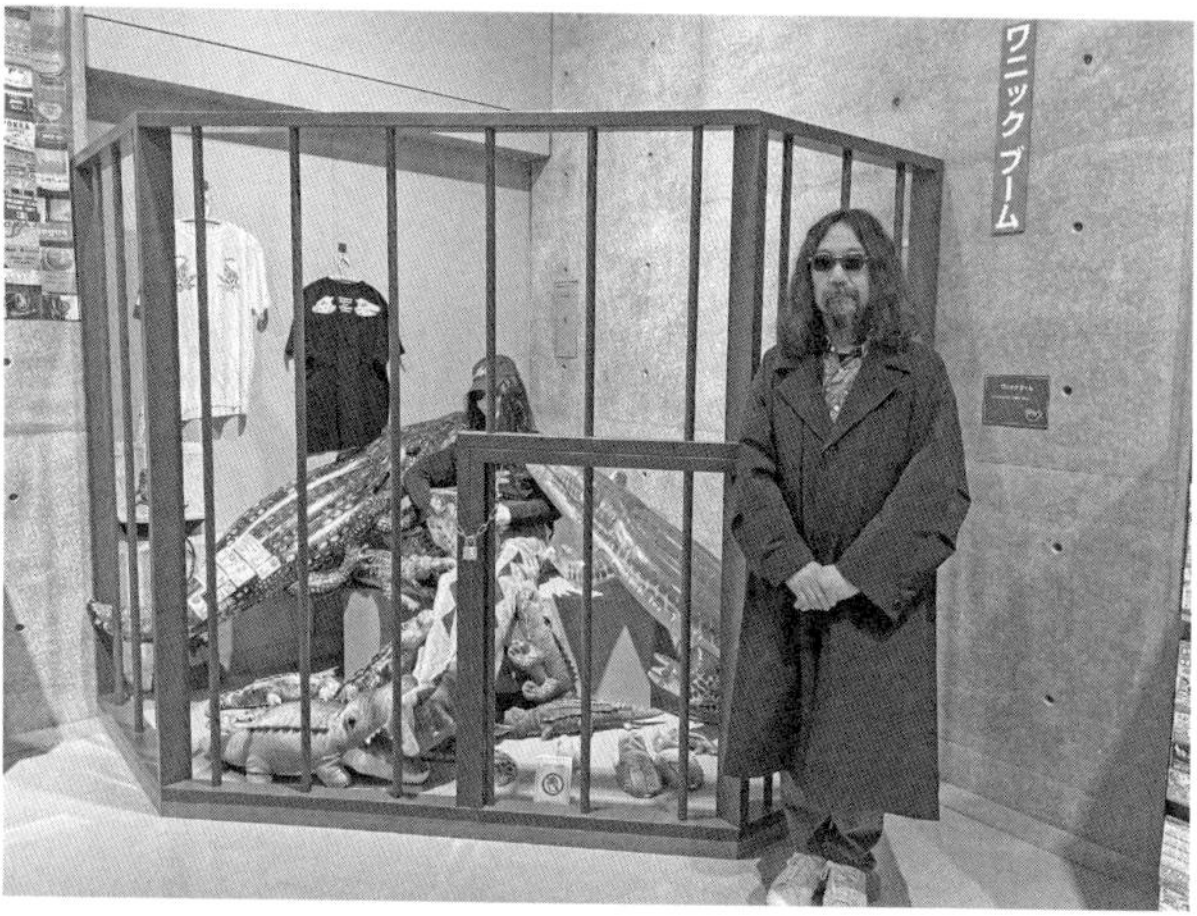

みうら　これは「ワニックブーム」だよ。
シジュ　ああ、ワニね。ワニのマイ遺品。
みうら　これは比較的最近のブームだね。僕、ワニを集めだしたんだよ。ほら、この僕に似せた人形はラコステ着てるでしょう。僕はあのトレーナーを買うとき、生まれてはじめてラコステのお店に入ったよ。
シジュ　なんでワニなんだジュか。
みうら　ワニのパニック映画ってけっこうあるんだけど、いまひとつ流行ってないなということに気づき、僕がどうにかしなきゃなと思ったんだね。
シジュ　そうかそうか。みうらさんは、「好きになるのが好き」なんだった。
みうら　そうそう、好きになるのが好きなだけで、もともと好きなわけじゃないんだよ。

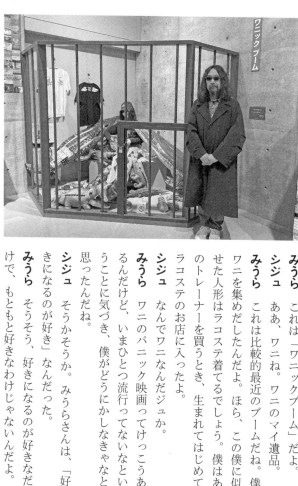

だからまだ、ワニもそんなに好きじゃないんだ。

シジュ　どうして好きになるのが好きなんだろう。

みうら　昔からそうだったんだ。好きになるのが好き、ということはつまり、「好きになる過程」が好きなんだ。見てよ、冷蔵庫に貼るマグネット。こんなの好きになるわけないじゃん、普通。

シジュ　そうだジュよね。

みうら　「冷マ」と呼んでるやつなんだけどさ。

シジュ　これもずいぶん集めたねぇ。びっしり貼ってあって、もう冷蔵庫なんだかなんなんだかわからないだジュよ。集めたやつも、作ったやつもあるね。これはみうらさんの絵の「冷マ」？

みうら　ああ、これはね。シジュちゃんには前に電話で伝えたことがあるでしょう。このコロナ禍で描いた、コロナ画の冷マ化だよ。美術館のショップでこの冷マをセット売りしてるから、帰りに見てみて。

シジュ　コロナ画って、あの巨大な……？

みうら　F10号のキャンバスに連作を描いていったらいつの間にか巨大になってしまった、コロナ収束を締め切りとする絵画だよ。もちろん今回も展示しています。現在のところ55

冷マ
水道修理
水もれ
つまり
0120-441-599
PIZZA-LA
0120
245-990
688-333
水のトラブル 緊急対応
水道屋

枚になったから、タイトルを「コロナ画55（ゴーゴー）」にしました。
シジュ　いまは55枚だけど、さらに増えていくわけだジュね。
みうら　すでに家で3枚くらい完成しちゃってるよ。いずれピカソの「ゲルニカ」クラスの大きさにはなると思うんだけどね。
シジュ　どこを最初に描きはじめたんだジュか？
みうら　やっぱり最近の「ワニックブーム」が頭にあったので、ワニにカエルが乗っているとこを描こうと思ったらうまく描けなくて、鼻の部分がはみ出たんだよ。
シジュ　いろんなものが、ここには描かれているだジュけれども。
みうら　こうなったら、僕が63年間で影響を受けてきたものを、死ぬ前に見るという「走馬灯」に入れておこうと思ってさ。こうしていちど絵に描いておくとたぶん頭にフィックスすると思うんだよね。だから、僕が死ぬときにはこの絵を見ていると思ってください。
シジュ　これさ、最終的に糸井（重里）さんに見てもらいたいって絵なんでしょ？
みうら　そうなんですよ。糸井さんに、昔、「あんたは絵が下手だからね、たくさん描きなさい」というグッドアドバイスをもらったの。それでこうして41年、やってきました。ほんとに、感謝してるんだよ。そのことを、コロナ禍で思い出してさ。
シジュ　そっかぁ。

みうら　うん。最近の僕はちょっとおごってたのかもしれない。手を抜いてスカスカに描いた絵もあったと思う。だから今回は、ビッチビチに描いてます。これを最終的に、糸井さんに見てもらいたいんだ。締切はまだ先のようだからね。

シジュ　そうだね、あらたな第6波が来てしまって。

みうら　これが完成したあかつきには、糸井さんに見せるために、どうにか展示してくれるかなぁ？　シジュちゃん。

シジュ　うん、わかった。まかしてだジュよ。

わたしらしく生きていく。

シジュ　ここにもみうらさんがいるよ。

みうら　これはそもそも違う人だよ。

シジュ　えっ。もともとは違う人なの？

みうら　違う人に決まってるよ。そんなのいちいち作ってたら高いでしょ？

シジュ　そうか。

みうら　うん。違う人だけど、でもまぁ、僕のアイテムがこうだからね。髪の毛と眼鏡、いまはマスクで顔の面積が埋まっているから、地肌がほとんど出ていない。その2点のア

イコンがあれば、だいたいは近づけるんだよ。つまり、安あがりにいけるぞっていう人生訓だよ、これは。

シジュ　わかった。学ぶことが多過ぎるよ。

みうら　そうだね。この部屋は学ぶことだらけだよ。

シジュ　「マイ遺品展」を見に来た人、ほんとうに大変だジュね、これは。

みうら　情報量多すぎて頭痛くなると思うよ。

シジュ　ああ、とても観たかった、ゆるキャラの展示だ！　シジュの先輩たちがいっぱいいるだジュよ。

みうら　当初「ゆるい」と言われることに対して役所のみなさんから嫌悪感を抱かれてしまい、途中から「ゆるキャラ」の呼称を隠して写真を借りたりしたこともあったんですよ。

もう20年ほど前のことだけどね。
シジュ　それにしても、こんなにたくさん種類が。
みうら　このゆるキャラの人形の展示、僕が持っている数の3分の1ぐらいなんだよ。
シジュ　ひぃえええ。
みうら　ゆるキャラは八百万いるんです。その土地土地の特産物を体に詰め込みすぎてしまったがゆえにゆるくなっていく、あれはいわば、八百万の神々なんです。でも、そんな概念や風習は現在の日本人から消え去っていますす。それを、なんとなく市役所や自治体のみなさんが受け継いでやっているということなんだね。
シジュ　でも、その八百万、人形だけでもこの3倍の量がすくなくとも、みうらさんのおうちにはあるだジュよね？

みうら　もう、仕方ないので倉庫まで借りてるんだよね。だって、お人形を1点や2点持っていても、「寒いやつだな」と思われるだけのことでしょう？

シジュ　だジュな。

みうら　この八百万の神々が存在することを世に知らしめるためには、多量に集めてみなさんにお見せして、ワーッと言ってもらわなきゃなんないんだよ。「無駄な努力と無駄な量」がこの民俗学にはいちばん大切なことだと思っています。

シジュ　ここにある、巨大なゆるキャラは、いつかみうらさんのイベントで見た、郷土LOVEちゃんだジュな。

みうら　この郷土LOVEちゃんは、僕がデザインしたものです。狭い日本、都道府県で分けたりせずに、日本じゅうを郷土にしようというイメージで作ったキャラクターです。

シジュ　口がおすしで、富士山と温泉が頭。

みうら　いろいろ詰め込んであるのが、ゆるキャラの特徴なんだよね。

シジュ　ゆるキャラやいやげ物、一生分のスクラップ、ワニもヘビもさらにコロナ画まで、そんなものがいっぱいあると、みうらさんちのマイ遺品は保管がたいへんだジュな。

みうら　マイ遺品がどんどん増えていくと、ゆくゆくは、より大きな部屋に引っ越さなき

やいけないことになります。まぁ、これは人生の張りというものでしょう。

シジュ　張りかぁ。

みうら　まだまだ行くぞという気持ちにさせてくれます。「まだまだ元気でいないと、どうすんだこれ」と、心配で死に切れません。そういう目的もあって、集めています。

シジュ　１００年後のニュー柳田國男さん、待っていてくださいね。

みうら　１００年後、「これはすごく貴重な品だ！」と発見され、学問になっていくことを僕は予感しています。あのね、シジュちゃん、価値観というものは、裏返るんだよ。ゆるキャラだって、その名がマスコミによって広められたとたんに、「うちのキャラクターはゆるくない」と主張していた自治体が「うち、ものすごくゆるいんで、どうでしょう、とりあげていただけませんか」と売り込みにくるようになりましたからね。価値観なんてそんなもので、コロコロ変わっていくんです。

シジュ　じゃあ、これらマイ遺品も……。

みうら　いま生きている人は「しょうもない」で片付くと思っているかもしれないけれども、そんな世間の価値観を信じているようでは、投資してもだめってことなんですよ。

シジュ　投資……？

みうら　ほんとうの投資というものはね、自分が認めているものに投資することなんだよ。世間が「高くなる」とか言うやつは、たいがい失敗します。自分の価値観を信じるしかないと思うよ。

シジュ　わかった、シジュもシジュの価値観をたいせつにしていくよ。でもシジュは、ゆるキャラとして、この感じで突き進んで大丈夫だジュか。

みうら　そこだよ、シジュちゃん。世間的に見て、ゆるキャラは少し下火でもあるから。

シジュ　え、そうなの？

みうら　うん、下火になってると思うよ。だから、シジュちゃんは、シジュちゃんとして生きていってください。ゆるキャラのブームに乗っかったりしなくていいから。

シジュ　うん、わかりました。これからもシジュはシジュとして、やっていきます。

みうら　うん。「わたしらしく」ね。

シジュ　わかった。みうらさんも、これからもマイ遺品とともに、わたしらしく生きていくんだジュな。

みうら　もう、僕はそれでしか生きていけないよ。「わたしらしく」以外はもう無理です。

シジュ　みうらさん、今日はありがとう。

みうら　こちらこそありがとうございました。美術館の庭園に、僕バージョンの「飛び出し坊や」が5体いるから、見つけて帰ってね。

シジュ　わかっただジュ。

みうらさんに館内を案内していただいたあと、シジュちゃんはまず、入口のミュージアムショップに行き、「コロナ画55」の冷マとSinceの帽子を求めました。

そして午後に開かれた、みうらさんのトークイベントで、ご厚意によりみなさんにごあいさつして、みうらさんの軽快なトークで笑いに笑って、アサヒビール大山崎山荘美術館をあとにしたのでした。

ああ、たのしかった。

本書は2019年2月10日文藝春秋刊行の『マイ遺品セレクション』（初出・「産経新聞」連載「収集癖と発表癖」2014年1月8日〜2018年11月11日）に、同連載の2019年12月8日、2020年4月16日、2021年6月17日、8月19日、12月16日掲載分を追加したものです。

「みうらさん、『マイ遺品』ってなんですか？」は、「ほぼ日刊イトイ新聞」（2022年1月18日〜22日）で公開された記事を再掲載しました【構成：菅野綾子（ほぼ日）、写真：光井彩乃（ほぼ日）】。

写真提供：永田章浩（p.20）、釜谷洋史（p.184）

歌詞引用楽曲：「いつのまにか少女は」（作詞・作曲：井上陽水）
「銃爪」（作詞・作曲：世良公則）
「結婚しようよ」（作詞・作曲：吉田拓郎）

文春文庫

本書の無断複写は著作権法上での例外を除き禁じられています。
また、私的使用以外のいかなる電子的複製行為も一切認められておりません。

マイ遺《い》品《ひん》セレクション

定価はカバーに
表示してあります

2022年7月10日　第1刷

著　者　みうらじゅん
発行者　花田朋子
発行所　株式会社　文藝春秋

東京都千代田区紀尾井町3-23　〒102-8008
TEL　03・3265・1211㈹
文藝春秋ホームページ　http://www.bunshun.co.jp

落丁、乱丁本は、お手数ですが小社製作部宛お送り下さい。送料小社負担でお取替致します。

印刷・図書印刷　製本・加藤製本

Printed in Japan
ISBN978-4-16-791912-2

（　）内は解説者。品切の節はご容赦下さい。

中野孝次
清貧の思想
日本はこれでいいのか？　豊かさの内実も問わず、経済第一とばかりひた走る日本人を立ち止まらせ、共感させた平成のベストセラー。富よりも価値の高いものとは何か？　（内橋克人）
な-21-3

南木佳士
山行記
芥川賞受賞の翌年に心身を病んだ作家兼医師が五十歳で山登りを始め、回復する過程をさわやかに綴った山エッセイ。その行程は浅間山から南北アルプスの高みまで。　（市毛良枝）
な-26-23

中島義道
孤独について
生きるのが困難な人々へ
戦う哲学者による凄絶なる半生記。誰からも理解されない偏った少年時代、混迷極まる青年時代、そして、孤独を磨き上げ、能動的孤独を選び取るまでの体験と思索。　（南木佳士）
な-54-1

中野京子
運命の絵
命懸けの恋や英雄の葛藤を描いた絵画、画家の人生を変えた一枚……。「運命」をキーワードに名画の奥に潜む画家の息吹と人間ドラマに迫る。絵画は全てカラーで掲載。　（竹下美佐）
な-58-8

中溝康隆
プロ野球死亡遊戯
球界に何のコネもない素人が人気ブロガーとなり野球コラム企画で日本一に。糸井重里さんも絶賛するモンスターブロガーによる痛快野球エッセイ。人生、逆転ホームランをかっ飛ばせ！
な-78-1

西　加奈子
ごはんぐるり
カイロの卵かけごはんの記憶、「アメちゃん選び」は大阪の遺伝子、ひとり寿司へ挑戦、夢は男子校寮母…幸せな食オンチの美味しオカしい食エッセイ。竹花いち子氏との対談収録。
に-22-4

蜷川実花
蜷川実花になるまで
好きな言葉は「信号無視」！　自由に生きるためには何が必要なのか。様々な分野を横断的に活躍する稀代のカリスマ写真家が語る、人生と仕事について。初の自叙伝的エッセイ。
に-24-1

（　）内は解説者。品切の節はご容赦下さい。

能町みね子
オカマだけどOLやってます。完全版
実はまだ、チン子がついてる私の「どきどきスローOLライフ」。オトコ時代のこと、恋愛のお話、OLはじめて物語など、大人気イラストエッセイシリーズの完全版。（宮沢章夫）
の-16-1

能町みね子
トロピカル性転換ツアー
『オカマだけどOLやってます。完全版』の後日談。旅行気分で気軽にタイで性転換手術♪の予定が思いもかけない展開に!? トロピカル感満載の脱力系イラストエッセイ。（内澤旬子）
の-16-3

能町みね子
お家賃ですけど
そして私は築40年を超えた下宿風アパートに戻ってきました。名前と性別を変えて……。著者が25〜27歳の時に出会った理想の家と愛すべき人々への偏愛と執着にまみれた自叙伝風小説！
の-16-5

能町みね子
逃北
つかれたときは北へ逃げます
たまの休暇も誕生日も、会社を辞めると決めた日も北へ向かった。現実逃避で安らぎで、自らのルーツを探して北を旅する「逃北」エッセイ。巻末に俳優・千葉雄大との特別対談を収録。
の-16-6

能町みね子
お話はよく伺っております
電車で、喫茶店で、道端で偶然に出会った、知らない誰かの知らないドラマを能町みね子が（勝手に）リポート！〈実録＆妄想〉人間観察エッセイ。単行本未掲載のエッセイ15本も収録。
の-16-7

能町みね子
文字通り激震が走りました
議員、力士、芸能人から容疑者まで幅広い発言をチェックし、「週刊文春」で毎週とらえ続けた「言葉尻」約三年半分を一挙大放出！　人気企画「お騒がせ炎上ベスト10」も収録。
の-16-8

能町みね子
そのへんをどのように受け止めてらっしゃるか
鋭い観察眼と言語センスで巷に溢れる「言葉尻」をとらえ続ける「週刊文春」人気連載をいきなり文庫化。約2年分の局地的＆国民的流行語が一冊に。著者自身が描いた挿絵も痛快！
の-16-9

（　）内は解説者。品切の節はご容赦下さい。

林　真理子
マリコ、カンレキ！
ドルガバの赤い革ジャンに身を包み、ド派手でゴージャスな還暦パーティーを開いた。これからも思いきりちゃらいおばちゃんを目指すことを決意する。痛快パワフルエッセイ第28弾。
は-3-50

林　真理子
運命はこうして変えなさい
賢女の極意１２０
恋愛、結婚、男、家族、老後……作家生活30年の中から生まれた金言格言たち。人生との上手なつき合い方がわかる、ときめく言葉の数々は、まさに「運命を変える言葉」なのです！
は-3-52

半藤一利
漱石先生ぞな、もし
『坊っちゃん』『三四郎』『吾輩は猫である』……誰しも読んだことのある名作から、数多の知られざるエピソードを発掘。斬新かつユーモラスな発想で、文豪の素顔に迫ったエッセイ集。
は-8-4

畠山重篤
森は海の恋人
ダム開発と森林破壊で沿岸の海の荒廃が急速に進んだ一九八〇年代、おいしい牡蠣を育てるために一人の漁民が山に木を植え始めた。森と海の真のつながりを知る感動の書。（川勝平太）
は-24-2

葉室　麟
随筆集
柚子は九年で
西日本新聞掲載の文章を中心とした著者初の随筆集。墓場鬼太郎、如水、るしへる、身余堂、散椿、龍馬伝、三島事件、志在千里など、とりどりのテーマに加え、短編「夏芝居」を収録。
は-36-5

葉室　麟
河のほとりで
小説のみならず、エッセイにも定評のある著者の文庫オリジナルエッセイ集。西日本新聞の「河のほとりで」を中心に、文庫解説やその時々の小説の書評も含まれた掌編集です。
は-36-9

長谷川洋子
サザエさんの東京物語
腕白で甘えん坊の町子を挟む串団子三姉妹とワンマン母。女ばかりの長谷川家が繰広げる波瀾万丈、涙と笑いに満ちた昭和の暮らし。実妹が長谷川町子の素顔を率直に綴る。（江國香織）
は-47-1

（　）内は解説者。品切の節はご容赦下さい。

平松洋子
下着の捨てどき
夜中につまみ食いする牛すじ煮込みの背徳感。眉の毛一本の塩梅。すごく着たいのに似合わない服……誰の身にもおとずれる人生後半、ゆらぎがちな心身にあたたかく寄り添うエッセイ集。

ひ-20-12

東山彰良
ありきたりの痛み
幼いころ過ごした台湾の原風景、直木賞受賞作のモデルになった祖父の思い出、サラリーマン時代の愚かな喧嘩、そして愛する本と音楽と映画のこと——作家の魂に触れるエッセイ集。

ひ-27-1

藤沢周平
帰省
創作秘話、故郷への想い、日々の暮らし、「作家」という人種について——没後十一年を経て編まれた書に、新たに発見された八篇を追加。藤沢周平の真髄に迫りうる最後のエッセイ集。

ふ-1-50

遠藤展子
藤沢周平　父の周辺
「オバQ音頭」に誘われていった夏の盆踊り、公園でブランコを押してもらった思い出……「この父の娘に生まれてよかった」という愛娘が、作家・藤沢周平と暮した日々を綴る。（杉本章子）
ふ-1-91

遠藤展子
藤沢周平 遺された手帳
娘の誕生、先妻の死、鬱屈を抱えながら小説に向き合う日々——「藤沢周平」になる迄の足跡を、遺された手帳から愛娘が読み解く。文庫化に際し貴重な写真を数枚追加。（後藤正治）
ふ-1-97

福岡伸一
ルリボシカミキリの青
福岡ハカセができるまで
花粉症は「非寛容」、コラーゲンは「気のせい食品」？　生物学者・福岡ハカセが最先端の生命科学から教育論まで明晰、軽妙に語る。意外な気づきが満載のエッセイ集。（阿川佐和子）
ふ-33-1

福岡伸一
生命と記憶のパラドクス
福岡ハカセ、66の小さな発見
〝記憶〟とは一体、何なのか。働きバチは不幸か。進化に目的はないのか。福岡ハカセが明かす生命の神秘に、好奇心を心地よく刺激される「週刊文春」人気連載第二弾。（劇団ひとり）
ふ-33-2

（　）内は解説者。品切の節はご容赦下さい。

福岡伸一
やわらかな生命
福岡ハカセの芸術と科学をつなぐ旅

可変性と柔軟性が生命の本質。福岡ハカセの話題も生命と同様、八方へ柔軟に拡がる。貴方も一緒に、森羅万象を巡る旅に出かけよう。「週刊文春」連載エッセイ文庫版第三弾。（住吉美紀）

ふ-33-3

福岡伸一
変わらないために変わり続ける
福岡ハカセのマンハッタン紀行

福岡ハカセが若き日を過ごしたニューヨークの大学に、再び留学する。そこで出会う最先端の科学を紹介、文化と芸術を語る。科学も世界もつねに変化していく。（隈　研吾）

ふ-33-4

藤原美子
藤原家のたからもの

義父・新田次郎愛用のリュックサック、結婚後イギリスでもらったラブレターと夫・藤原正彦氏の想定外の反応……。捨てられないものたちが語りかけてくる人生の妙味、家族の記憶。

ふ-34-2

穂村　弘
にょっ記

俗世間をイノセントに旅する歌人・穂村弘が形而下から形而上まで言葉を往還させつつ綴った『現実日記』。フジモトマサルのひとこまマンガ、長嶋有・名久井直子の「偽ょっ記」収録。

ほ-13-1

穂村　弘
にょにょっ記

奈良の鹿を見習って、他の県でも一種類ずつ動物を放し飼いにしたらどうだろう？　歌人・穂村弘の不思議でファニーな世界へようこそ。フジモトマサルのイラストも満載。（西　加奈子）

ほ-13-2

穂村　弘・フジモトマサル
にょにょにょっ記

妄想と詩想の間を往来する穂村弘の文章とフジモトマサルのシュールなイラストの奇跡のコラボ。気がつくとあなたは日常の裏側を散歩中。単行本未収録分も増補したシリーズ最終巻。

ほ-13-3

穂村　弘
君がいない夜のごはん

料理ができず味音痴……という穂村さんが日常の中に見出した「かっこいいおにぎり」や「逆ソムリエ」。独特の感性で綴る「食べ物」に関する58編は噴き出し注意！（本上まなみ）

ほ-13-4

（　）内は解説者。品切の節はご容赦下さい。

そして生活はつづく
星野 源

どんな人でも、死なないかぎり、生活はつづくのだ。ならば、つまらない日常をおもしろがろう！　音楽家で俳優の星野源、初めてのエッセイ集。俳優・きたろうとの特別対談を収録。

ほ-17-1

働く男
星野 源

働きすぎのあなたへ。働かなさすぎのあなたへ。音楽家、俳優、文筆家の星野源が、過剰に働いていた時期の自らの仕事を解説した一冊。ピース又吉直樹との「働く男」同士対談を特別収録。

ほ-17-2

よみがえる変態
星野 源

やりたかったことが仕事になる中、突然の病に襲われた。まだ死ねない。これから飛び上がるほど嬉しいことが起こるはずなんだ。死の淵から蘇った3年間をエロも哲学も垣根なしに綴る。

ほ-17-3

刑務所なう。　完全版
堀江貴文

長野刑務所に収監されたホリエモン。鬱々とした独房生活の中でも仕事を忘れず、刑務所メシ（意外とウマい）でスリムな体をゲット！　単行本二冊分の日記を一冊に。実録マンガ付き。

ほ-20-1

刑務所わず。
堀江貴文

塀の中では言えないホントの話

「ほんのちょっと人生の歯車が狂うだけで入ってしまうような所」これが刑務所生活を経た著者の実感。塀の中を鋭く切り取るシリーズ完結篇。検閲なし、全部暴露します！　（村木厚子）

ほ-20-2

腹を抱へる
丸谷才一

丸谷才一エッセイ傑作選1

ゴシップ傑作選、うまいもの番付、ホエールズ論、文士のタイトル、懐しい人——数多くのユーモアエッセイから厳選した〝硬軟自在、抱腹絶倒〟の六十九篇。文庫オリジナル。　（鹿島　茂）

ま-2-26

ザ・万歩計
万城目《まきめ》 学

大阪で阿呆の薫陶を受け、作家を目指して東京へ。『鴨川ホルモー』で無職を脱するも、滑舌最悪のラジオに執筆を阻まれ、謎の名曲を夢想したりの作家生活。思わず吹き出す奇才のエッセイ。

ま-24-1

（　）内は解説者。品切の節はご容赦下さい。

万城目　学
ザ・万字固め
熱き瓢箪愛、ブラジルW杯観戦記、敬愛する車谷長吉追悼、東京電力株主総会リポートなど奇才作家の縦横無尽な魅力満載のエッセイ集。綿矢りさ、森見登美彦両氏との特別鼎談も収録。
ま-24-4

町山智浩
マリファナも銃もバカもOKの国
USA語録3
ハッパ(マリファナ)のためにカウボーイとヒッピーが握手する、そんなバカげた国のリアルな今をメッタ斬り。「イスラム国」からハリウッド女優のヌード写真流出まで！　（津田大介）
ま-28-6

町山智浩
トランプがローリングストーンズでやってきた
USA語録4
トランプが大統領候補に急浮上、ハッパでキメたカニエも出馬宣言？　アメリカは益々マッドに突き進む。週刊文春人気コラムの文庫化第四弾。澤井健イラストも完全収録。　（想田和弘）
ま-28-7

三島由紀夫
行動学入門
行動は肉体の芸術である。にもかかわらず行動を忘れ、弁舌だけが横行する風潮を憂えて、男としての爽快な生き方のモデルを示したエッセイ集。死の直前に刊行された。　（虫明亜呂無）
み-4-1

三島由紀夫
若きサムライのために
青春について、信義について、肉体について……わかりやすく、そして挑発的に語る三島の肉声。死後三十余年を経ていよいよ新鮮！　若者よ、さあ奮い立て！　（福田和也）
み-4-2

みうらじゅん
正しい保健体育　ポケット版
保健体育の教科書の体裁で、愛や性について説いた爆笑講義録。下ネタの隙間から、著者の深い人生哲学や人間の真理が見えてくる。累計12万部の人気シリーズを2冊合わせて文庫化。
み-23-3

みうらじゅん
人生エロエロ
「人生の3分の2はいやらしいことを考えてきた」でおなじみ「週刊文春」人気連載の文庫化。「男ってバカねぇ」と女性にも大好評、エロエロエッセイ80連発！　（対談・阿川佐和子）
み-23-4

（　）内は解説者。品切の節はご容赦下さい。

されど人生エロエロ
みうらじゅん
ある時はイメクラで社長プレイに挑戦し、ある時は「ゆるキャラの中の人」とハッピを着た付添人の不倫関係を妄想し……。「週刊文春」の人気連載、文庫化第2弾！　（対談・酒井順子）
み-23-5

ラブノーマル白書
みうらじゅん
愛があれば世間が眉をひそめるアブノーマルな行為でも全てノーマルなのだ。少年時代の思い出から最近の「老いるショック」事情まで実体験を元に描く「週刊文春」人気連載を文庫化。
み-23-7

ひみつのダイアリー
みうらじゅん
昭和の甘酸っぱい思い出から自らの老いやVRに驚く令和の最新エロ事情まで。「週刊文春」人気連載を文庫オリジナルで一気に百本大放出。有働由美子さんとの対談も収録。
み-23-8

女の人差し指
向田邦子
脚本家デビューのきっかけを綴った話、妹と営んだ「ままや」の開店模様、世界各地の旅の想い出、急逝により絶筆となった「週刊文春」最後の連載などをまとめた傑作エッセイ集。（北川　信）
む-1-23

霊長類ヒト科動物図鑑
向田邦子
「到らぬ人間の到らぬドラマが好きだった」という著者が、電話口で突如様変わりする女の声変わりなど、すぐれた人間観察で人々の素顔を捉えた、傑作揃いのエッセイ集。　（吉田篤弘）
む-1-26

無名仮名人名簿
向田邦子
世の中は「無名」の人々がおもしろい。日常の中で普通の人々が覗かせた意外な一面を、鋭くも温かい観察眼とユーモアで綴る。笑いながら涙する不朽の名エッセイ集。　（篠﨑絵里子）
む-1-27

帝国ホテルの不思議
村松友視
日本のホテルの中でも明らかに特別な位置にある帝国ホテル。入口から内奥まで、誇りに満ちたおもてなしの流儀を持つ30人の職人を覗き穴に、その不思議を描き出す。　（平岩弓枝）
む-3-3

文春文庫　最新刊

八丁越 新・酔いどれ小籐次（二十四）　佐伯泰英
夜明けの八丁越で、参勤行列に襲い掛かるのは何者か？

熱源　川越宗一
樺太のアイヌとポーランド人、二人が守りたかったものとは

悲愁の花 仕立屋お竜　岡本さとる
文左衛門が「地獄への案内人」を結成したのはなぜか？

海の十字架　安部龍太郎
大航海時代とリンクした戦国史観で綴る、新たな武将像

神様の暇つぶし　千早茜
あの人を知らなかった日々にはもう…心を抉る恋愛小説

父の声　小杉健治
ベストセラー『父からの手紙』に続く、感動のミステリー

想い出すのは 藍千堂菓子噺　田牧大和
難しい誂え菓子を頼む客が相次ぐ。人気シリーズ第四弾

フクロウ准教授の午睡《シエスタ》　伊与原新
学長選挙に暗躍するダークヒーロー・袋井准教授登場！

昭和天皇の声　中路啓太
作家の想像力で描く稀代の君主の胸のうち。歴史短篇集

絢爛たる流離 〈新装版〉　松本清張
大粒のダイヤが引き起こす12の悲劇。傑作連作推理小説

無恥の恥　酒井順子
SNSで「恥の文化」はどこに消えた？　抱腹絶倒の一冊

マイ遺品セレクション　みうらじゅん
生前整理は一切しない。集め続けている収集品を大公開

イヴリン嬢は七回殺される　スチュアート・タートン　三角和代訳
館＋タイムループ＋人格転移。驚異のSF本格ミステリ

私のマルクス 〈学藝ライブラリー〉　佐藤優
人生で三度マルクスに出会った――著者初の思想的自叙伝